Annalena Baerbock
Jetzt

Annalena Baerbock

Jetzt

Wie wir unser Land erneuern

Ullstein

Wir verpflichten uns zu Nachhaltigkeit
- Klimaneutrales Produkt
- Papiere aus nachhaltiger Waldwirtschaft
- ullstein.de/nachhaltigkeit

In Zusammenarbeit mit Michael Ebmeyer

MIX
Papier aus verantwor-
tungsvollen Quellen
FSC® C014496

Ullstein ist ein Verlag der Ullstein Buchverlage GmbH

ISBN 978–3-550–20190–5

2. Auflage 2021

Gesetzt aus der Caecilia Pro und der Gotham
Satz: Red Cape Production, Berlin
Druck und Bindearbeiten: GGP Media GmbH, Pößneck

Für meine Oma und all die
Generationen, die so viel erlitten,
erkämpft und geleistet haben und auf
deren Schultern wir heute stehen

Inhalt

Vorwort

Der Rosenthaler Platz in Berlin-Mitte ist eines dieser Viertel, die sich in den letzten dreißig Jahren so häufig und rasant verändert haben, dass man kaum hinterherkommt. Der bauliche Verfall nagte in den 1990er-Jahren an so gut wie jeder der graubraunen Fassaden. Der folgende Stadtumbau Ost brachte nicht nur Anstrich, Sanierung, Kitas und Schulen in die Straßen nördlich vom Alexanderplatz, sondern auch heftige Mieterhöhungen. Für unsere damalige Wohnung, in der meine ältere Tochter ihre ersten Gehversuche machte – kurz nachdem wir noch schnell das Ochsenblut von den alten Dielen abgeschliffen hatten (einmal und nie wieder) –, zahlt man heute dreimal so viel wie vor zehn Jahren.

Geht man von der turbulenten Kreuzung ein paar Schritte die Brunnenstraße Richtung Weinbergspark, kommt rechts die Nummer 10. Ein trister Eingang zu einem typischen Berliner Hinterhof. Links neben der Tür strömt feuchtwarme Luft aus dem muffigen Treppenhaus vom U-Bahnhof Rosenthaler Platz herauf. Darüber prangt in riesigen Buchstaben zwischen den Altbaufenstern über die gesamte Fassade verteilt der Satz: »Dieses Haus stand früher in einem anderen Land.« Und etwas höher, aber dafür muss man auf die andere Straßenseite wechseln, um es wirklich lesen zu können: »Menschlicher Wille kann alles versetzen.«

In unserer jetzigen Wohnung in Potsdam hängt ein Foto dieser Hausfassade. Es erinnert mich nicht nur an die Zeit in dem turbulenten Kiez, die wir dort als junge Familie erlebt haben und in der ich auch anfing, mich politisch zu engagieren. Es erinnert mich auch an die einstmals geteilte Stadt in unserem geteilten Land und an die mutigen Oppositionellen, die vor der Wende in den sanierungsbedürftigen Altbauten Ostberlins wohnten. Wie die Malerin Bärbel Bohley, die sich ein paar Straßen weiter mit anderen Bürgerrechtler*innen in der Zionskirche traf. Die Gemeinderäume wurden 1987 von der Stasi gestürmt, weil in der dortigen Umwelt-Bibliothek »staatsfeindliche« Flugblätter gedruckt wurden.

Das Foto von der Fassade des Hauses aus »einem anderen Land« hängt mittlerweile als beliebtes Mitbringsel in Wohnungen in ganz Deutschland und an vielen anderen Orten auf der Welt. Dass diese Fassade ein Kunstwerk des Werbetexters Jean-Remy von Matt ist, das im Zuge der Gentrifizierung der Gegend in den Nullerjahren entstand, und kein historisches Dokument von Oppositionellen in der DDR, ist gut zu wissen, für mich aber nicht bedeutsam. Was mich daran berührt, ist, erinnert zu werden, dass wir in einem Land leben, in dem Menschen vor gar nicht so langer

Zeit unter widrigen Bedingungen ihre Zukunft in die Hand genommen und eine friedliche Revolution für ihre demokratische Freiheit in Gang gesetzt haben.

Ich bin mit dem Selbstverständnis erwachsen geworden, dass wir in einem vereinten Deutschland und gemeinsamen Europa leben. Eine zugezogene Brandenburgerin, aufgewachsen in einem Dorf bei Hannover. Ich bin Vorsitzende von BÜNDNIS 90/Die Grünen, einer Partei, die aus den neuen sozialen Bewegungen der 1970er-Jahre in Westdeutschland und aus der Bürgerrechtsbewegung in Ostdeutschland entstanden ist. Einer Europa-Partei, die Anfang der 1990er-Jahre tatsächlich mit der europäischen Integration haderte, aus heutiger Perspektive ein historischer Fehler. Ich bin aufgewachsen mit der trügerischen Sicherheit, dass das Zusammenwachsen Europas, die enge Bindung der Demokratien beider Seiten des Atlantiks und gelebte Freiheit in unseren demokratischen Gesellschaften sich fortschreiben.

Aber Zukunft passiert nicht einfach, sie ist kein Schicksal. Sie wird von Menschen gemacht, im Guten wie im Schlechten. Wir haben es in der Hand. Der Wiederaufbau nach dem Krieg, die soziale Marktwirtschaft, der gemeinsame europäische Binnenmarkt, die deutsche Einheit und die EU-Osterweiterung – all das wurde von Menschen vor uns erkämpft, erarbeitet und weitergegeben. Dass wir heute in einem freien, demokratischen und europäischen Deutschland leben dürfen, basiert auf Mut und politischer Weitsicht. Der europäische und internationale Gestaltungswille und die dazugehörige Veränderungsbereitschaft waren immer auch ein Garant für Stabilität, Freiheit und Sicherheit. Das, was uns heute stark macht, gründet sich auf dem politischen Willen, in schwierigen Zeiten des Umbruchs vorauszuschauen, sich neuen Realitäten zu stellen und konsequent zu handeln. Der Bereitschaft, sich zu erneuern, es besser zu machen. An solch einer historischen Wegscheide stehen wir heute wieder.

Die Politik der letzten Jahre stand eher für das Gegenteil. War geprägt von Mutlosigkeit und einem zaghaften Auf-Sicht-Fahren statt Weitblick. Als könnten wir trotz fundamentaler globaler Veränderung, trotz eines Auseinanderdriftens der Gesellschaft im Grunde so weitermachen wie bisher. Als könnten wir uns weiter irgendwie durchmogeln, mit kleinen Korrekturen hier und da, im Zweifel ein Hilfspaket auflegen – wenn der Schaden da ist und der Druck akut.

Unsere Gesellschaft muss so einen immer größeren Aufwand betreiben, um die Versäumnisse der Vergangenheit auszugleichen. Der Staat fördert beispielsweise nach wie vor mit Milliardensummen ein landwirtschaftliches System, das schlecht für Mensch und Umwelt ist. In der Folge gibt er in toto Unsummen aus, um die Schäden an Wasser, Böden und der Gesundheit wieder zu reparieren. Der Staat musste Großbanken retten, aber die Regulierung des Finanzmarktes lässt immer noch zu wünschen übrig – genauso wie die Bekämpfung von Steuerbetrug. Die Regierung hat die Lufthansa, Karstadt und Tui in der Pandemie mit Steuermilliarden unterstützt, aber dabei die Ökologisierung der Luftfahrtbranche, die Entwicklung von nachhaltigem Tourismus und die Konkurrenzfähigkeit des deutschen Einzelhandels gegenüber digitalen Plattformen wenig vorangebracht. Diese Politik hat den Staat ausgezehrt und zugleich Zweifel an dessen Zukunftsfähigkeit befördert. Die Pandemie hat uns verdeutlicht, wie zerbrechlich auch die stärksten Volkswirtschaften sind, wenn wir weiter im Reparaturmodus verharren. Wie abhängig wir in Europa von globalen Lieferketten sind. Wie fragil europäische Solidarität ist, wenn es darauf ankommt, und wie sehr es im 21. Jahrhundert eine funktionierende globale Kooperation bräuchte, weil die großen Herausforderungen unserer Zeit nur gemeinsam lösbar sind.

Corona hat die Belastungsgrenzen unseres auf Wirtschaftlichkeit heruntergestutzten Gesundheitssystems offengelegt – die Auswirkungen spüren die Menschen, die im Gesundheitsbereich arbeiten, aber auch wir alle, die wir auf eine gute Gesundheitsversorgung überall im Land angewiesen sind. Wir erleben, dass eine pandemische Krise zu einer sozialen Krise wird, wenn die gemeinsamen Orte wie Schulen, Bibliotheken, Schwimmbäder, Theater und Musikschulen wegfallen und wir zurückgeworfen sind auf die privaten Räume. Dass sich Ungleichheit immer weiter verschärft, wenn Familien in manchen Dörfern, aber auch in etlichen Stadtteilen an Homeschooling und Homeoffice scheitern, weil das Netz zu langsam ist. Wir sind meilenweit von gleichwertigen Lebensverhältnissen in unserem Land entfernt, obwohl dieses Ziel im Grundgesetz als Verpflichtung des Staates verankert ist.

Ich bin überzeugt, dass wir es besser machen können. Und müssen. Wir stehen seit einiger Zeit wieder an einer Wegscheide: Die Klimakrise ist das größte Risiko für unsere Freiheit und unseren Wohlstand. Zugleich ist der Pfad zur Klimaneutralität die Chance für eine gerechtere Gesellschaft und den Erfolg auf den Märkten der Zukunft. Wenn wir die dafür nötigen Veränderungen beherzt vorantreiben. Das letzte Jahr hat an so vielen Stellen gezeigt, was in uns steckt, wenn wir uns als Gesellschaft unterhaken, einander vertrauen, klug handeln. Diese Stärke sollten wir nutzen, um gemeinsam unser Land zu erneuern.

In diesem Buch beschreibe ich, wie das gelingen kann und wie wir durch Veränderung Halt geben, im Wissen, dass das Neue, das Unbekannte auch verunsichern kann. Es geht mir nicht um abschließende Antworten auf alle Fragen, sondern um Pfade, die wir aus meiner Sicht einschlagen sollten. Pfade, die schon angelegt sind, die wir aber mutiger und konsequenter beschreiten sollten, damit wir sie auch wirklich gehen.

An so vielen Orten in unserem Land, in unserem Europa ist man schon aufgebrochen, ist das Neue schon Realität: Die Gesundheitsregion, die in einem Modellversuch sicherstellt, dass auch auf dem Land alle gut versorgt sind – weil Ärzt*innen und Pflegekräfte mit Therapeut*innen zusammenarbeiten. Die Kommune, die sich tatsächlich zu hundert Prozent aus erneuerbarer Energie versorgt. Die Schule, die analog und digital lehrt und lernt, nicht nur eine Schulküche im Haus, sondern auch den Musikverein mit an Bord hat.

All das funktioniert vor Ort oftmals nur, weil man von alten, festgefahrenen Pfaden abweicht und beherzt neue Wege geht, Gewohnheiten ändert, teils gegen Widerstände oder als Ausnahme von der Regel. Im

Ausnahmemodus allein aber kommen wir nicht weiter. Die Ausnahmen müssen zur Regel, das Fortschrittliche, das Beste zum neuen Standard werden.

Wir haben alle Voraussetzungen dafür, denn in diesem Land steckt so viel. So viele Menschen, die sich einbringen, so viel Innovation und Leidenschaft, so viel Mut und so viel Tatkraft. Ich will, dass wir diese Kraft entfesseln. Dass wir das Beste in diesem Land ermöglichen. Wir können unsere Industriegesellschaft klimaneutral umbauen. Wir können die soziale Ungleichheit verringern, den Zusammenhalt stärken und Gleichberechtigung verwirklichen. Wir können in bessere Schulen für unsere Kinder, in moderne Polizeiwachen, Verkehrswege, Glasfaserkabel, Krankenhäuser und Gesundheitsämter investieren. Die Ideen dafür liegen auf dem Tisch. Große Teile der Gesellschaft sind bereit, sie umzusetzen. Es braucht jetzt Weitsicht und den politischen Mut, die dafür notwendigen Rahmenbedingungen zu schaffen. Es braucht eine Regierung, die etwas Neues wagt, um nicht alles zu riskieren. Die den Menschen zuhört und ihnen etwas zutraut. Eine Politik, die bei aller Notwendigkeit, harte Entscheidungen treffen zu müssen, empathisch und menschlich bleibt.

Jede gute Politik beginnt damit, sich der Wirklichkeit zu stellen. Realitäten anzuerkennen, um sie zu verändern. Aber sie darf damit nicht enden. Statt wie bisher an den Anfang des politischen Handelns die bange Frage zu stellen: Oh je, ob das denn überhaupt möglich ist?, sollten wir uns fragen: Was muss getan werden, damit das Nötige möglich wird?

In der Wissenschaft würde man diesen Ansatz die »wünschenswerte Zukunft« nennen. Er ist das Gegenteil vom Prinzip, sich gegen die auf uns zukommenden Probleme nur noch zu wehren, wenn es nicht mehr anders geht. Wer immer nur von der Gegenwart aus denkt, verharrt in der Kurzfristigkeit und verliert an strategischer Tiefe. Das hat Deutschland und Europa in den vergangenen Jahren gelähmt. Routinen sind genauso begründungspflichtig wie neue Möglichkeiten. Nur weil wir etwas schon lange so machen, muss es nicht (mehr) richtig sein.

Wir kommen aus dieser Schleife raus, wenn wir unsere Werte ernst nehmen, unsere Ziele gemeinsam definieren und diese auch konsequent verfolgen. Wenn wir wieder beschreiben, was wir anstreben. Erklären, was uns antreibt, und dafür starke Bündnisse und Mehrheiten schaffen – dann können wir die Lücke zwischen den Problemen der Gegenwart und einer »wünschenswerten Zukunft« schließen.

Eine klimagerechte Welt in den nächsten drei Jahrzehnten zu bauen bedeutet, vom übergeordneten Ziel her zu denken. Es bedeutet, rückwärts zu zählen, um Hindernisse zu erkennen, den Raum des Machbaren zu erweitern, Grenzen zu testen, Alternativen zu entwickeln und nötige Ressourcen bereitzustellen.

Die junge Generation ist wie keine andere von der Klimakrise betroffen, wenn wir jetzt nicht gegensteuern. Sie hat sich in dieser Pandemie solidarisch gezeigt und zurückgesteckt, obwohl die getroffenen Maßnahmen zur Eindämmung für junge Menschen hart waren. Seit Jahren fordern sie beharrlich von den politisch Verantwortlichen ein, mehr Anstrengungen für eine bessere Zukunft zu unternehmen. Sie mahnen, demonstrieren und appellieren, weil sie selbst nicht an den Hebeln der Macht sitzen. Viele von ihnen dürfen noch nicht einmal wählen oder in politischen Ämtern entscheiden, welchen Kurs unsere Welt nimmt. Aber wir können es.

Wir tragen die Verantwortung für das Ganze. Wir werden unsere Ziele nur dann erreichen, wenn wir – jung und alt – gemeinsam an einem Strang ziehen. Wir können unsere natürlichen Lebensgrundlagen nicht gegeneinander, sondern nur miteinander bewahren. Dieses Miteinander bedeutet für mich aber auch, dass wir die Zukunft der jungen Generation wirklich ernst nehmen – ihre Freiheitsrechte, so wie es uns auch das Bundesverfassungsgericht in einer historischen Entscheidung aufgetragen hat.

Ich gehöre zu einer Generation, die weder jung noch alt ist, sondern mittendrin. Wir sind die erste Generation, die im Bewusstsein der Klimakrise aufgewachsen ist. Eine digitale Generation in einem Land, dem Digitalisierung unerklärlich schwerfällt. Wir sind die erste gesamtdeutsche Generation in einem vereinten Europa. Wie Generationen vor uns leben wir in der Verantwortung für unsere Kinder und in tiefer Verbundenheit mit unseren Eltern. Daraus erwächst für uns eine Aufgabe.

Es ist jetzt gemeinsam an uns, unser Land zu erneuern und in eine neue Epoche zu führen. Indem wir das Erreichte wertschätzen, das Gute bewahren und das Beste für die Zukunft ermöglichen. Ich habe eine klare Vorstellung davon, was in unserem Land nicht gut ist und wie es stattdessen sein könnte. Neues zu wagen ist Voraussetzung für Gestaltung und damit für die Freiheit künftiger Generationen.

Die Überzeugung, dass demokratische Politik der Ort ist, an dem wir um eine bessere Zukunft für uns alle ringen, bestimmt mein Handeln. Ich empfinde Dankbarkeit, Abgeordnete des Deutschen Bundestages sein zu dürfen. Das geht mir auch nach acht Jahren in diesem Hohen Haus noch so. Wenn ich mal nicht schnell durch die Flure sprinte – was mit »Hackelschuhen«, wie meine Tochter sagt, eh nicht so toll klappt –, sondern für einen Moment innehalte an den kyrillischen Inschriften, die Soldaten der Roten Armee im Jahre 1945 im Reichstagsgebäude hinterlassen haben. Oder mein Blick auf den großen Schriftzug »Der Bevölkerung« im Innenhof fällt, der von Sträuchern und Gräsern überwachsen ist, weil jede*r neue Abgeordnete eine Handvoll Erde aus seinem/ihrem Wahlkreis mitbringt und die Pflanzen, die da wachsen, mittlerweile so bunt sind wie dieses Land selbst. Ja, dann spüre ich immer noch Ehrfurcht. Davor, was für eine Verantwortung ich als Parlamentarierin trage, um Schaden vom Land und von unserer Demokratie abzuwenden und das Beste zu erreichen.

Der Reichstag erinnert auch an die schlimmste Zeit der deutschen Geschichte. Hier wurde das Ermächtigungsgesetz beschlossen, mit dem die Demokratie sich selbst abschaffte und eine Diktatur begründete. Nazis wurden hier demokratisch gewählt. Unsere Demokratie lebt von Voraussetzungen, die sie selbst nicht garantieren kann und die nicht auf ewig garantiert sind (frei nach dem Staatsrechtler Ernst-Wolfgang Böckenförde). Es kommt auf uns als Bürgerinnen und Bürger unseres Staates an, sie am Leben zu erhalten, es kommt auf die Fundamente des Grundgesetzes und der Institutionen an, auf uns als Abgeordnete, jeden Tag neu für unsere Demokratie zu kämpfen.

Demokratische Macht wird auf Zeit verliehen. Sie muss immer wieder neu begründet und behauptet werden. Sie wird geteilt und kontrolliert. Regeln sind verbindlich und gelten unabhängig von Personen. Fehler können korrigiert werden, weil es nicht nur Schwarz oder Weiß gibt. Die verschiedenen Institutionen bringen ihre Funktionen und Perspektiven zur Geltung, sie gleichen sich aus zum Wohl des Ganzen. Ich bin überzeugt, dass sich eine Demokratie an der Beschaffenheit, der Qualität und Unbestechlichkeit ihrer Institutionen bemisst. In diesem Sinne bin ich Institutionalistin.

Zugleich spüren wir, wie das Vertrauen in Institutionen schwindet. Weil sich unser Verständnis von Politik und Macht mit der Zeit nicht in dem Maße verändert hat wie die Menschen und die Gesellschaft, die in diesen und durch diese Institutionen repräsentiert werden. Demokratie lebt aber davon, dass Menschen sich wiederfinden und einbringen. Sie ist im Grunde niemals vollendet. Politik sollte daher so lernfähig und vielgestaltig sein wie die Gesellschaft selbst. Unsere Parlamente sollten die Lebenswirklichkeit der Menschen widerspiegeln. Sie sollten zugleich eingebettet sein in ein vereintes Europa, um dem Frieden der Welt zu dienen. Auch darum geht's in diesem Buch.

Der Mensch im Mittelpunkt

Mittendrin

Ein Werksbesuch in einer Ölraffinerie in Mitteldeutschland im Sommer 2018. Mich empfängt ein Geschäftsführer, der mir gleich zu Beginn höflich, aber klar zu verstehen gibt, was er von der Programmatik der Grünen hält – nämlich herzlich wenig. Ich versuche, seine Haltung aus seiner Perspektive zu verstehen. Er weiß, wie fordernd ein klimaneutraler Umbau seines Unternehmens sein wird. Und das als wichtiger Arbeitgeber in der eher strukturschwachen Region. Aber genau deshalb bin ich ja da.

Es ist ein stürmischer Sommertag, daher geht es zum Gespräch mit Beschäftigten in den dicht besetzten Pausenraum. Was mir ohnehin lieber ist. Offen und direkt sprechen, zuhören, ohne Kameras. Als Erster ergreift gleich ein älterer Herr das Wort. Er arbeitet schon seit Jahrzehnten in der Raffinerie und fürchtet, dass ein Ausstieg aus dem Erdöl ein Unternehmen, das eben von diesem lebt, treffen wird – und damit sein eigenes Leben und das seiner Familie. Trotzdem sitzen wir an einem Tisch, von unterschiedlichen Seiten kommend, und sprechen bald über anderes: darüber, wie es ist, wenn im Dorf der Bus nicht fährt und im Nachbarsort der Zug nicht mehr hält. Der Mann fragt sich, ob seine Enkelkinder in der Region leben werden, wenn sie erwachsen sind, oder ob sie auch zu denen gehören werden, die der alten Heimat den Rücken kehren.

Es sind Momente wie diese, die mich fordern und antreiben, die mir helfen, meine politischen Ideen mit der Wirklichkeit abzugleichen und sie anzupassen. Die mich immer wieder spüren lassen, dass wir miteinander leben, nicht gegeneinander – und nach gemeinsamen Wegen suchen müssen. Die verdeutlichen, worum es letztlich geht: den Menschen zu sehen und politisch die Rahmenbedingungen so zu schaffen, damit jede*r in Würde und Freiheit leben kann. Und dass wir diese Rahmenbedingungen immer wieder ändern müssen, wenn große, neue Herausforderungen auf uns zukommen. Das ist für mich Sinn von Politik.

In den vergangenen acht Jahren bin ich als Bundestagsabgeordnete, dann auch als Parteivorsitzende, quer durchs Land gereist. Habe die unterschiedlichsten Menschen in Schulen, Krankenhäusern, Sporthallen, Fabriken, Seniorentreffs oder Jugendclubs getroffen, habe mit ihnen diskutiert, ihre Perspektiven und ihre Sorgen kennengelernt, Ideen gesammelt. Gescherzt, gestritten, getrauert.

Die Menschen, die sich täglich für andere aufreiben und einsetzen, erwarten nicht, dass die Politik all ihre Probleme löst. Aber sie spüren, dass manches so viel einfacher, so viel besser sein könnte, wenn wir ein paar Dinge ändern, wenn wir die Prioritäten etwas anders setzen würden.

Dafür müssen wir als politisch Verantwortliche aber wissen, wo der Schuh drückt. Und dafür reichen nicht allein die wichtigen Stellungnahmen, Berichte und Excel-Tabellen von Verbänden und Organisationen, in denen es etwa heißt: »Jedes fünfte Kind ist während Corona nicht erreicht worden«, »Pflegekräfte am Limit«, »7 000 Kohlekumpeln droht der Verlust ihres Arbeitsplatzes«. Es macht einen Unterschied, ob man diese Kinder, diese Pflegekräfte, diese Kumpel auch selbst getroffen, gesprochen und erlebt hat.

Als Politikerin habe ich in den vergangenen Jahren erlebt, wie schnell einem der Blick für den konkreten Alltag, die unterschiedlichen Lebenswirklichkeiten abhandenkommen kann. Oftmals gar nicht bewusst, eher schleichend. Man fährt zu einem Besuch, die Presse ist da, möchte noch ein Interview, und das Gespräch mit den Mitarbeitenden fällt dann unter Umständen doch weg, weil der Kalender so eng getaktet ist. Es bleibt ein Gefühl der Unzufriedenheit. Erst recht, weil die Gefahr, sich abzukapseln, in der Politikblase ohnehin so groß ist. Wenn man morgens um 7.30 Uhr das erste parlamentarische Frühstück hat, anschließend Ausschusssitzung, mittags ein Pressegespräch.

Zwischendurch schnell im Bistro des Bundestags etwas isst, um dann zur Abstimmung im Plenum zu eilen. Anschließend folgen im stündlichen Takt ein Treffen mit einer Botschafterin, ein Gespräch mit Vertreter*innen eines Verbandes und schließlich abends noch eine Podiumsdiskussion, bevor einen der Fahrdienst des Bundestages nach Hause bringt. Dann ist man bis 23 Uhr nicht draußen gewesen und hat all das nicht gemacht, was »normal« ist: zum Zug gerannt, schnell die Fahrkarte gekauft, beim Bäcker angestanden, das Kind aus der Kita abgeholt ... Dann hat man eben auch nicht mitbekommen, dass das ABC-Ticket des VBB (Verkehrsverbund Berlin-Brandenburg) teurer geworden ist, dass sie in der Kita noch immer keine neue Erzieherin gefunden haben und dass der Schreibwarenladen neben der Bäckerei dichtgemacht hat.

Der ehemalige Umweltbundesminister Klaus Töpfer sagte in einem Interview nach dem Ende seiner zweiten Amtszeit bei UNEP, dem Umweltprogramm der Vereinten Nationen, er habe erst mal wieder lernen müssen, eine Fahrkarte zu kaufen. Als ich das Gespräch damals las, dachte ich: Wie kann das möglich sein? Als ich dann selbst Bundestagsabgeordnete wurde und erst recht nach den weiteren Schritten in die Spitzenpolitik, merkte ich, wie schnell es gehen kann. Deshalb sage ich mir immer wieder und bitte auch mein Umfeld, mich darauf hinzuweisen: Achte darauf, dass du Wege findest, mit einem Fuß im Alltag zu bleiben.

Das klappt mal so, mal so. Am einfachsten natürlich über meine beiden Töchter. Sie waren schon da, bevor ich mich für den Weg in die Spitzenpolitik als Parteivorsitzende entschieden habe. Unsere ältere Tochter kam 2011 zur Welt, zwei Jahre vor meiner erstmaligen Wahl in den Deutschen Bundestag. Ihre Schwester wurde zwei Jahre danach, 2015, geboren. Beruf und Familie halbwegs unter einen Hut zu bekommen ist wie für viele Familien eine Herausforderung. Aber ich habe mich Ende 2017 beim Sprung auf den Parteivorsitz bewusst für die neue Herausforderung entschieden. Meine Kinder wissen, wo mein Herz und mein Zuhause sind. Ohne Frage, weil mein Mann vieles zu Hause managt und seine Arbeitszeit reduziert hat. Zum Glück springen auch meine Eltern immer wieder ein. So kriege ich trotz 16-Stunden-Politik-Tag live und in Farbe mit, dass in der gerade sanierten Schule kein Internetanschluss liegt und daher digitaler Unterricht kaum möglich ist. Dass die Kita noch immer händeringend eine Erzieherin sucht oder der Schreibwarenladen zugemacht hat.

Viel wichtiger aber ist, sich als Volksvertreterin immer wieder bewusst dafür zu entscheiden, Politik aus den Lebensrealitäten der Menschen zu denken und zu machen und vor Ort zu sein. Es schärft den Blick, wenn man im Impfzentrum als Assistentin einer Ärztin mitarbeitet und nicht mal nur eben dort vorbeischaut. Es erdet, wenn man bei der Tafel Essen ausgibt und mit den Menschen zwischen riesen Salatkiste und Apfelkörben spricht. Viele Politiker*innen definieren ihren Job heute ähnlich, ganz entgegen dem gerne gepflegten Vorurteil, die Politik entferne sich von den Menschen.

Was relativ banal klingt, spiegelt ein politisches Dilemma wider. Wir treffen Entscheidungen, die für alle oder zumindest für viele gelten, aber die Lebensumstände der Menschen unterscheiden sich. Politische Entscheidungen sind allgemein, aber sie haben sehr konkrete, zum Teil sehr unterschiedliche Auswirkungen. Weil Menschen sehr verschieden sind – zum Glück. Es somit nicht nur eine Lebenswirklichkeit gibt, sondern viele. Politik wirkt im Konkreten und sollte deshalb auch vom Konkreten aus gedacht werden. Denn auch wenn alle Menschen die gleichen Rechte haben, bedeutet das noch lange nicht, dass sie tatsächlich gleiche Chancen haben.

Es gibt diese gut gemeinten Alltagsweisheiten, wie: »Jedes Kind ist gleich viel wert«, oder: »Jedes Kind braucht die gleiche Unterstützung.« Auch ich habe das jahrelang gesagt, sage es vermutlich immer noch. Aber sie führen in dieser Pauschalität in die Irre. Wir verringern Ungleichheit nicht, indem wir allen das Gleiche geben. Manche brauchen Verschiedenes, um gemeinsam ans Ziel zu kommen. Andere wiederum benötigen unseren ganz besonderen Schutz. Das Kind, bei dem schon vor der Corona-Pandemie zu Hause nicht die heile Welt war, hätte gerade in der Phase, als für alle die strengsten Corona-Regeln galten, einen sicheren Platz in der Schule gebraucht.

Ebenso heißt es oft: »Rassismus betrifft uns alle.« Rassismus geht natürlich die gesamte Gesellschaft an, aber er betrifft uns persönlich doch sehr unterschiedlich. Ich hatte nach den furchtbaren Morden von Hanau keine Sorge, auf die Straße zu gehen. Meine damalige Trainee Evin hingegen schon. Auf einer gemeinsamen Zugfahrt nach Hamburg, wo sie aufgewachsen ist, meinte sie zu mir: »Seit meiner Kindheit hatte ich dieses Gefühl nicht mehr im Bauch. Jetzt wieder.«

Pädagog*innen wenden gerne das Rollenspiel »Einen Schritt nach vorn« an, um für Chancengleichheit zu sensibilisieren, weil gerade Kinder in ganz unterschiedliche Lebensrealitäten hineingeboren werden, auf die sie keinen Einfluss haben. Die Botschaft lautet, frei nach George Orwells *Farm der Tiere*: Alle sind gleich, aber manche sind gleicher als andere. Zunächst stellen sich alle Schüler*innen nebeneinander auf eine Startlinie. Bevor der Wettlauf losgeht, müssen sie verschiedene Fragen beantworten, etwa: Hast du ein eigenes Zimmer? Hast du mehr als fünf Bücher? Gibt es jemanden, der mit dir die Hausaufgaben macht? Fährst du in den Urlaub? Bekommst du regelmäßig Taschengeld? Und so weiter. Für jede dieser Fragen, die sie mit Ja beantworten, dürfen sie einen Schritt nach vorne machen. Ist die Fragerunde beendet, stehen manche Kinder zehn Schritte weiter vorne, manche fünf, andere drei und etliche nach wie vor auf der Startlinie. Jetzt erst geht der Wettlauf los. Diejenigen, die vor dem Start keinen einzigen Schritt nach vorne machen konnten, müssen schon begnadete Sprinter*innen sein, um mit den anderen ins Ziel zu kommen. Ist das fair? Wohl kaum. Dennoch ist es die Wirklichkeit für Millionen von Kindern.

Damit jedes Kind in unserem Land nicht nur gleich viel wert ist, sondern auch die gleichen Lebenschancen hat, müssen wir Gleiches ungleich behandeln. Allen Kindern das Gleiche zu geben würde genau dazu führen, dass diejenigen, die es am meisten bräuchten, nicht genug haben. Wir müssen also mehr für die tun, die weniger haben. Das ist möglich, ohne die zu vernachlässigen, die es heute einfacher haben.

Es setzt allerdings voraus, dass Politik diese Unterschiedlichkeiten auch sieht und anerkennt, statt bewusst oder, wie ich es wahrnehme, oftmals unbewusst von einer »vermeintlichen« Normalität auszugehen. Je homogener das eigene Lebensumfeld oder die Parlamente sind, desto größer ist die Gefahr, dass uns die unterschiedlichen Lebensrealitäten der Menschen aus dem Blick geraten. Politik kann nur so gut sein, wie sie sich den Blick für den konkreten Alltag bewahrt. Wenn sie diesen Blick verliert, verharren wir im Gegenwärtigen, vergessen wir, dass es auch anders gehen kann. Daraus speist sich die Kraft des Status quo. Und die Schwierigkeit, etwas Neues zu schaffen. Besser und gerechter.

Schule des Lebens

Die Pandemie hat uns auf schmerzhafte Art und Weise gezeigt, was es bedeutet, die unterschiedlichen Lebenswirklichkeiten in unserem Land zu ignorieren. Die Corona-Beschränkungen galten für alle gleichermaßen, aber sie haben die Gesellschaft und gerade Familien sehr unterschiedlich getroffen. Selbst in unserer geräumigen Potsdamer Wohnung mit Gemeinschaftsgarten konnte ich beobachten, wie es meinen Töchtern zusetzt, wenn ihnen das unbeschwerte

Spielen mit Freund*innen, die Schule oder das richtige Auspowern beim Sport in der Gruppe verwehrt bleibt.

Wie hat eine Familie in einer engen Hochhauswohnung diese Zeit überstanden? Eine alleinerziehende Mutter mit drei Kindern. Kinder, die kein eigenes Zimmer haben und in all den Monaten ohne stabiles WLAN wohlmöglich vom Digitalunterricht abgeschnitten waren. Wie erging es Kindern, deren Eltern sie kaum beim Lernen unterstützen konnten? Die ohne das plötzlich fehlende warme und kostenlose Mittagessen in der Schule auskommen mussten. Die im Winter stundenlang auf der Straße waren, weil die Schule bisher ihr Zufluchtsort vor den eigenen vier Wänden war. Wir können nicht alle Wunden und Spuren heilen, die die letzten fast anderthalb Jahre bei einigen Kindern und Jugendlichen hinterlassen haben. Aber wir sind es ihnen und der Zukunft schuldig, es von jetzt an wirklich besser zu machen.

Wir sollten der jüngsten Generation in unserem Land, den Kindern und Jugendlichen, eine neue, eine hohe Priorität in unserer Gesellschaft einräumen. Das fängt für mich damit an, dass die Kommunen, die Länder und der Bund in Zukunft gemeinsam dafür Verantwortung tragen, dass Schulen zu den besten und modernsten Orten unseres Landes werden. Die Schulpolitik ist zwar, wenn auch aus einem guten historischen Grund, föderal strukturiert. Das darf jedoch nicht mehr als Alibi dafür herhalten, dass die einen sich hinter den anderen verstecken oder man sich um Kompetenzen streitet – statt über das Bestmögliche für die Zukunft der Kinder. Keine Milliardentöpfe mehr, bei denen Millionen im Topf bleiben, statt in den Schulen anzukommen. Wenn wir Chancengerechtigkeit weiter so mit Füßen treten, dann rauben wir Kindern nicht nur eine gute Zukunft, sondern auch uns als Gesellschaft. Denn Chancengerechtigkeit ist eine Bedingung für das Funktionieren unserer liberalen Demokratie.

Voraussetzung für all das ist, anzuerkennen, dass Kinder keine kleinen Erwachsenen sind. Sie haben eigene Bedürfnisse und eigene Rechte. Sie sind Expert*innen in eigener Sache. Deshalb sollte ihre Stimme bei Angelegenheiten, die sie betreffen, gehört werden müssen. Während im Wahlkampf so gut wie alle Parteien Slogans wie »Den Kleinsten die größten Chancen geben« oder »Für gute Schulen und Kitas« plakatieren – wer will schon schlechte Schulen? –, gibt es einen tiefen parteipolitischen Dissens darüber, diese Rechte auch wirklich zu verankern. Das konnten wir in der Debatte um die Aufnahme von Kinderrechten ins Grundgesetz erleben. Wie das mit Gesetzestexten so ist, klingt der Unterschied zunächst sehr technisch-klein, in der Sache ist er aber immens. In der Kinderrechtskonvention der Vereinten Nationen (VN) und der EU-Grundrechtecharta wurde verbindlich festgelegt, dass das Wohl von Kindern und Jugendlichen bei allen Maßnahmen, die sie betreffen, »vorrangig« zu berücksichtigen ist. Kinder und Jugendliche sind bei allen sie betreffenden Angelegenheiten entsprechend ihrem Alter und Reifegrad zu beteiligen. Gerade Konservative wollen im Grundgesetz das Wohl des Kindes hingegen aber lediglich »angemessen« berücksichtigen. Es ist also eine bewusste politische Entscheidung, dass auf die Rechte und Beteiligung von Kindern und Jugendlichen kein prioritärer Fokus gelegt wird. Es wird Zeit, das zu ändern.

Kinder nicht als kleine Erwachsene zu betrachten hieße auch, sie eigenständig abzusichern. Jedes fünfte Kind in unserem reichen Industrieland lebt in Armut. Das Risiko, arm zu sein, ist für keine andere Altersgruppe in unserem Land so hoch wie für sie. Kinder sind arm, weil ihre Eltern arm sind, oftmals alleinerziehend. Aber auch weil sie in einem System stecken, das allein für Erwachsene und zur Absicherung im Fall von Arbeitslosigkeit konzipiert wurde. Jede*r dritte Hartz-IV-Empfänger*in ist ein Kind.

Was nüchtern klingt, heißt in der Lebensrealität einiger dieser Kinder: Sie fühlen Scham und gehen nicht zum Kindergeburtstag, weil am Ende des Monats das Geld für ein Geschenk fehlt. Sie haben nasse Füße in der Schule, weil trotz Matsch und Schnee im Winter die Turnschuhe das einzige Paar Schuhe sind. Und je älter die Kinder werden, desto größer wird die soziale Kluft, weil die derzeitigen Regelungen selbst Jugendlichen wenige Chancen geben, auf eigenen Füßen zu stehen.

Jede*r von uns weiß, wie wichtig es ist, sich als Teenager von zu Hause abzunabeln, indem man sich ein bisschen Geld verdient, um sich ein neues Fahrrad oder ein Tablet zu kaufen oder für den Führerschein zu sparen. Bei mir war es die lang ersehnte Levi's-Jeans, die meine Eltern für Markenquatsch hielten. Ich arbeitete erst als Babysitterin, dann jahrelang am Wochenende beim Bäcker. Frühmorgens um 5 Uhr,

manchmal direkt nach der Disco, den Laden aufschlie-
ßen, Brötchen-Rohlinge in den Ofen schieben, Kuchen
auf Bleche sortieren und der langen Schlange vor der
Calenberger Backstube fröhlich einen guten Morgen
wünschen. Trotz ziemlichem Schlafmangel fand ich
das super, weil ich mich »so erwachsen« fühlte. Das
Geld, das ich da verdiente, reichte nicht nur für das,
was Jugendliche so machen, sondern vor allem auch
für eine Interrail-Tour mit meinen Freundinnen statt
Urlaub mit der Familie.

Wie sieht es für Jugendliche heutzutage mit dem
Gelddazuverdienen aus? Auch hier zeigen sich wieder
große Ungleichheiten: Während Jugendliche eigentlich
mit einem Minijob 450 Euro verdienen können, wird
bei Jugendlichen, deren Eltern Hartz IV bekommen –
formal: die im SGB-II-Bezug sind –, der Leistungsan-
spruch so gemindert, dass ihnen von den 450 Euro nur
170 Euro im Monat übrig bleiben.

Das signalisiert doch knallhart: Wehe, du arbeitest
und versuchst, aus dem System rauszukommen. Dabei
stecken diese Jugendlichen eigentlich in einem System,
das zur Arbeitsaufnahme (im Zweifel durch Sanktio-
nen) »anreizen« soll, und in einer Lebenssituation, die
sie sich ja nicht ausgesucht haben. Das ist nicht nur
ungerecht, es ist auch kontraproduktiv. Wie soll man
da für den Auszug nach dem Schulabschluss sparen,
um in einer anderen Stadt eine Ausbildung zu machen
oder zu studieren? Wie soll da der Eindruck entstehen,
dass sich Arbeit lohnt?

In unseren ersten Lebensjahren wird der Grundstein
gelegt für vieles: Startchancen, gute Bildung, Teilhabe,

soziale Kompetenzen, Empathie und auch die Erfahrung, selbstständig etwas bewirken zu können, und nicht zuletzt: das Vertrauen in die Demokratie. Materielle Absicherung ist dabei natürlich kein alleiniger Garant für Lebensglück, aber ohne sie wird es viel schwerer, ein selbstbestimmtes Leben führen zu können. Kinder in Armut müssen doppelt so viel kämpfen, um gleiche Chancen zu haben. Der Staat kann diese Lücke nicht komplett schließen. Aber er steht in der Pflicht, genau hinzuschauen, sein Bestes dafür zu tun, um allen möglichst gleiche Chancen und Ausgangsbedingungen zu ermöglichen. Die sich nicht nur in der Familie entscheiden, sondern auch in unseren öffentlichen Einrichtungen. Zumal es am Geld nicht unbedingt mangelt: Der Staat gibt nicht wenig für Familien aus. 200 Milliarden werden jährlich für familienbezogene Einzelleistungen bereitgestellt, also zum Beispiel für Kindergeld, Unterhaltsvorschuss oder steuerliche Entlastungsbeiträge wie das Ehegattensplitting. Kinder sind arm in unserem reichen Land, weil ein Teil des Geldes nicht prioritär dort ankommt, wo es ankommen müsste, um wirklich was zu bewirken.

Ausgerechnet die Kinder und Jugendlichen, die am meisten Unterstützung bräuchten, bekommen am wenigsten. Vor allem bei Alleinerziehenden oder Geringverdienenden mit Kindern reicht das Geld oft hinten und vorne nicht. Während bei Familien mit einem guten Haushaltseinkommen alternativ zum Kindergeld auch noch der Kinderfreibetrag möglich ist und das Finanzamt netterweise für einen prüft, was vorteilhafter ist, muss der Kinderzuschlag bei Eltern, deren

Einkommen nicht für ihre Kinder reicht, immer wieder neu beantragt werden. Und jede Erhöhung des Kindergeldes wird bei Hartz IV angerechnet. Was alles so technisch klingt, heißt im realen Leben, dass für ein Kind neben Wohnung, Kleidung und Essen pro Monat 44 Euro für die schönen Dinge übrig bleiben. Also für Eis, Stifte, Schwimmbad, Kino, Lego. Eltern mit durchschnittlichem Einkommen haben knapp dreimal so viel für ihr Kind. 44 Euro, das sind 1,40 Euro pro Tag. Eis, Stifte Schwimmbad, von Kino ganz zu schweigen ... wie viele Neins es bei 1,40 Euro pro Kind am Tag braucht.

Dieses System müssen wir nun wirklich vom Kopf auf die Füße stellen. Ich sehe die Lösung in einer Kindergrundsicherung, die allen Kindern einen Garantiebetrag von 280 Euro ermöglicht, ohne Antragstellung und Bürokratie. Ergänzt um einen am Bedarf und Alter orientierten Betrag, der auf maximal 503 Euro ansteigt, für all die Kinder, deren Eltern nicht genug verdienen. In einer solchen Kindergrundsicherung gehen die Kinderregelsätze, der Kindergeldzuschlag, Teile des Bildungs- und Teilhabepakets, das Kindergeld und die Kinderfreibeträge auf. Das Ganze wäre also auch eine »Verwaltungsrevolution«. Bei der Geburt des Kindes können die Eltern einmal die Kindergrundsicherung beantragen. Anschließend wird sie automatisch ausgezahlt und bei Einkommensänderungen entsprechend angepasst. Wenn die Eltern einverstanden sind, könnten alle Behörden bis hin zur Rentenversicherung auf diese einmal gemachten Angaben zugreifen. Wenn Eltern ihren Job verlieren, wird die Unterstützung der

Kinder automatisch erhöht, um sie vor Armut zu schützen.

Um Kindern gleiche Chancen und Zukunftsperspektiven zu geben, kommt es vor allem auf die Kitas und Schulen an. Die gute Nachricht: Das Bildungsniveau hat sich in den letzten Jahrzehnten in der gesamten Bevölkerung wesentlich erhöht. Viel mehr junge Leute machen Abitur als früher. Zugleich, und das ist die andere, eben nicht stark genug gesehene Seite, haben einfache und mittlere Schulabschlüsse an Wert verloren. Bei all dem blieb zudem unverändert: Kinder aus benachteiligten Verhältnissen haben es deutlich schwerer, weil die Lebenswelten, aus denen die Kinder kommen, so unterschiedlich sind. Die einen gehen nach der Schule zum Klavier- und Fußballunterricht und sind regelmäßig in der Bibliothek. Die anderen haben nicht mal ein Buch zu Hause und niemanden, der ihnen vorliest.

Wie heftig die Diskrepanz an manchen Stadtteilschulen ist, wurde mir bei einem meiner Schulbesuche deutlich. Ich hatte zum jährlich stattfindenden bundesweiten Vorlesetag das Jugendbuch *Kannawoniwasein! Manchmal muss man einfach verduften* dabei, um mit Fünftklässlern daraus zu lesen. Das Jahr zuvor hatten meine pädagogischen Fähigkeiten leider nicht ausgereicht, dass mir die 28 Erstklässler*innen beim Vorlesen gebannt genug zuhörten. Die Fünfte war hingegen hellauf begeistert von der Hauptfigur Finn, der aus der Uckermark allein mit dem Regionalexpress nach Berlin fährt, aber leider auf der Fahrt bestohlen wird. Nach dem Lesen sprachen wir darüber, was es noch für andere Bücher gibt und was so ihre Lieblingsbücher seien. Fast die Hälfte der Klasse nannte ein und dieselbe Geschichte, worüber ich mich etwas wunderte. Am Ende der Stunde fragte ich, wer das Buch denn zum Weiterlesen mit nach Hause nehmen wolle. Es entbrannte ein halber Streit. Die Lehrerin klärte mich später auf: Die wenigsten hätten eigene Bücher zu Hause. Deswegen hatten davor auch so viele dieselbe Geschichte genannt, weil sie die gerade gemeinsam lasen. Ich nahm dieses mulmige Gefühl mit, wie es sein kann, dass wir dieser Freude am Lesen, Zuhören, Fantasieren bei so vielen Kindern nicht gerecht werden (wollen).

Es verdeutlicht, welche Aufgabe und enorme Verantwortung Schule heute hat, für gleiche Startchancen zu sorgen. Die Pandemie traf auf ein Schulsystem, das es schon davor nicht geschafft hat, allen Kindern nicht einmal annähernd die gleichen Chancen zu ermöglichen. Die letzte PISA-Studie hat gezeigt, wie stark gute schulische Leistungen immer noch mit der sozialen Herkunft zusammenhängen. Besonders deutlich wird das bei der Lesekompetenz: Kinder aus benachteiligten Familien schneiden hier wesentlich schlechter ab als Kinder, die aus besser gestellten Haushalten kommen. Werden die 25 Prozent der privilegiertesten Jugendlichen mit den 25 Prozent der am stärksten benachteiligten Schülerinnen und Schüler verglichen, ergibt sich ein Leistungsunterschied von 113 Punkten. Das sind ganze 24 Punkte mehr Abstand als im OECD-Durchschnitt. Während etliche Kinder und Jugendliche relativ unbeschadet durch diese Corona-Zeit gekommen sind, einige vom Homeschooling sogar profitierten, verschärfte sich die Diskrepanz zwischen leistungsstarken und leistungsschwachen Schüler*innen weiter. Zu manchen Kindern und Jugendlichen ging der Kontakt komplett verloren. Gerade für die Jüngsten sind die Defizite nicht nur beim Lesen oder Rechnen, sondern auch in der kognitiven und sozialen Entwicklung besonders groß. Können wir das wieder ausgleichen? Viel ist möglich, wenn wir es ernsthaft wollen.

Es braucht dafür nicht nur eine gemeinsame Kraftanstrengung, um den Schulen das Rüstzeug zu geben, die Folgeschäden der Pandemie im Bereich Bildung und soziale Teilhabe zu beheben. Wir brauchen eine Förderung, die sensibel ist für Ungleichheiten und die unterschiedlichen Wiedereinstiegschancen systematisch ausgleicht

Dafür sollten Bund und Länder sowie die Spitzenverbände der Kommunen einen bundesweiten Bildungsschutzschirm spannen, um benachteiligte Kinder und Kinder mit den größten Lernrückständen zuvorderst zu fördern. Diese Kinder benötigen gezielte und flexible Unterrichtsangebote – in Kleingruppen, mit Ganztagskonzepten, unterstützt von Bildungslotsen, etwa pensionierten Lehrer*innen, Studierenden und Akteur*innen aus den zahlreichen Bildungsprogrammen. Über ein Bund-Länder-Modellprogramm von mehreren Milliarden Euro sollte jede Schule entsprechend ihrem Bedarf (wobei manche Stadtteilschulen einen Bedarf für mindestens jedes dritte Kind haben und entsprechend stärkere Unterstützung brauchen) mit flexiblen

Budgets ausgestattet werden, die sie selbstverantwortlich und damit unbürokratisch einsetzen können.

Darauf aufbauend gilt es, in den nächsten Jahren ein durchdachtes und praxisfestes Gesamtkonzept für Chancengerechtigkeit zu schaffen. Statt sich mit dem Schulsystem zu beschäftigen, das in unserem föderalen System ohnehin nicht mal so über Nacht verändert werden kann, sollte die Bundesebene Bildungspolitik als Teil ihrer sozial- und familienpolitischen Verantwortung ansehen. Und so dazu beitragen, Schulen, und insbesondere Grundschulen, zu Orten zu machen, an denen alle Kinder ihre Neugier ausleben und ihren Erfahrungshorizont ausweiten können, was ihnen zu Hause vielleicht verwehrt bleibt. So können wir es schaffen, ungleiche Startchancen im besten Fall auch auszugleichen. Tatsächlich hat unser Schulsystem ja ein einzigartiges Potenzial, weil nur dort wirklich alle Kinder und Jugendlichen erreicht werden, wie der Bildungsexperte Aladin El-Mafaalani immer wieder betont. Und tatsächlich gibt es diese Modellschulen ja bereits in unserem Land. Allerdings als Ausnahme von der Regel.

Wie die Grundschule Otto Nagel in Nuthetal (Brandenburg), die vor zwei Jahren einen schuleigenen Gemüseacker angelegt hat. Übers Beackern lernen die Kinder nicht nur, wie man Tomaten, Salat, Fenchel, Kohl und ja, auch Rote Bete, pflanzt, drum herum jätet und später erntet. Sondern wie frisches Gemüse, das für manche eine Seltenheit ist, schmeckt, wie man es schält, schnipselt und damit kocht. Dem Schulacker oder Garten folgen oftmals die Schulküche und dann die Werkstatt.

Oder die Primus-Grundschule in Münster, die sich als Teamschule versteht. Hier arbeiten Kinder abwechselnd in Kleingruppen, in Projektteams oder mit der ganzen Klasse, drinnen oder auch draußen. Jede Klasse wird von einem Team von Lehrer*innen, Sonderpädagog*innen und sozialpädagogischen Fachkräften geführt und unterrichtet.

Es geht jetzt also darum, die Ausnahme zur Regel zu machen – und Schulen zu Orten, die ermöglichen, was die Gesellschaft zu bieten hat. Neben dem Fachunterricht am Vormittag kann das Musik, Tanz, Kochen oder Sport am Nachmittag sein. Dass zahlreiche Vereine im Land über Nachwuchsmangel klagen, lässt sich beheben, wenn sie gezielt mit Schulen zusammenarbeiten. Ins Angebot jenseits des Lehrprogramms können ebenso Musikschulen einbezogen oder Themen wie Rhetorik, Klimaschutz, Digitalkompetenz und Gartenbau aufgegriffen werden. Für die konzeptionelle Arbeit lassen sich multiprofessionelle Teams zusammenstellen, zum Beispiel aus Sozialarbeiter*innen, Psycholog*innen, Gesundheitsfachkräften, Medien-, Förder- und Theaterpädagog*innen und IT-Spezialist*innen. Solche Teams können ein auf die einzelne Schule abgestimmtes Ganztagsprogramm erarbeiten. Je nach konkretem Bedarf kann dann am Nachmittag in einer Verfügungsstunde ein Streit geschlichtet, ein Gemüsegarten angelegt oder Deutsch als Fremdsprache geübt werden.

Ein solches ganzheitliches und nachhaltiges Angebot an Aktivitäten schafft die besten Voraussetzungen, um Lerndefizite auszugleichen, individuellem

Förderbedarf gerecht zu werden und präventive pädagogische Ansätze zu stärken. Überall dort, wo ein solcher Ansatz als Modellprojekt schon praktiziert wird, lässt sich beobachten, dass gute Ausstattung gute Initiativen nach sich zieht: Kooperiert die örtliche Musikschule und bietet den Kindern an, im schulischen Rahmen ein Instrument zu lernen, entsteht wenig später ein kleines Orchester.

Natürlich kostet all das Geld. Aber nichts zu tun kommt uns, erst recht nach diesem Corona-Jahr, gesellschaftlich noch viel teurer. Zumal das Bildungswesen nicht nur unterfinanziert ist. Seit 2010 sind die Ausgaben sogar um 30 Prozent gestiegen. Das Hauptproblem ist auch hier, dass das System vom Kopf auf die Füße gestellt werden müsste. Bisher stattet Deutschland sein Bildungssystem nur im Bereich der Oberstufe und der Hochschulen im internationalen Vergleich angemessen aus. Für die Grundschule hingegen, in der alle Kinder erreicht werden können, wird proportional am wenigsten ausgegeben. Hier liegen die deutschen Bildungsausgaben sogar unter dem OECD-Schnitt. Genau das müssen wir umkehren. In die Kitas und Grundschulen sollte am meisten Geld fließen. Doppelt so viel wie bisher. Dort werden die entscheidenden Grundlagen für alles Weitere gelegt. Dort kann die Ungleichheit von Chancen von Beginn an am besten reduziert werden.

Jenseits der unbefriedigenden Debatten über das Kooperationsverbot und befristete Töpfe könnten die Ausgaben für den unterstützenden Ganztagsunterricht durch den Bund aus den Leistungen der Sozialgesetzgebung finanziert werden. Zugleich stehen die Länder hier natürlich in der Verantwortung. Um ihren Anteil für die notwendige Stärkung der Bildung zu finanzieren, schlägt meine Partei daher vor, die seit 1997 ausgesetzte Vermögenssteuer zu reaktivieren, auch wenn Steuern formal nicht zweckgebunden erhoben werden dürfen. Dies wäre eine Möglichkeit, um eine seit Jahren erbitterte ideologische Debatte (vor allem auf Bundesebene, obwohl es sich um eine Ländersteuer handelt) aufzubrechen und zugleich die Weichen in einem der wichtigsten gesellschaftlichen Bereiche neu Richtung Zukunft zu stellen.

Bildung endet aber nicht mit der Schule. Sie begleitet das ganze Leben, und sie nimmt oft nicht den geraden, schablonenhaft berechenbaren Weg. Dieses Verständnis ist in Deutschland, trotz der sich rapide verändernden Arbeitswelt in den letzten Jahrzehnten, immer weiter ins Hintertreffen geraten. Fast alles war in der Bundesrepublik der Nachkriegsjahrzehnte viel starrer als im heutigen Deutschland. Allerdings war es nicht unüblich, dass jemand ohne »geradlinigen« Bildungsweg später ein großes Unternehmen leiten konnte. Heute hingegen kommen solche Lebenswege nur selten vor. Dabei sind die Möglichkeiten zur beruflichen Neuorientierung und der Freiraum, Neues zu lernen, gerade in einer modernen Wissensgesellschaft und einer Arbeitswelt im Umbruch essenziell.

Es passt leider nur zu gut ins Bild, dass bei der Umsetzung der Bologna-Reformen an den Universitäten zu wenig darauf geachtet wurde, Zugänge zum Studium jenseits der klassischen Hochschulreife zu ermöglichen. Anstatt dass unsere Gesellschaft im späteren Alter durchlässiger wird, hat sich hier der Einfluss der sozialen Herkunft auf Bildung und Chancen im Leben in den letzten Jahrzehnten noch verstärkt.

Wie wichtig es ist, die »zweiten Bildungswege« offenzuhalten und wieder weiter zu öffnen, sehe ich bei meiner eigenen Mutter. Sie wurde als drittes Kind geboren, nachdem ihre Eltern mit ihrem Bruder und ihrer Schwester 1958 aus dem heutigen Kędzierzyn-Koźle in Oberschlesien nach Niedersachsen ausgesiedelt waren. Fast zwei Jahre lang lebten sie in einem Lager am Rande Hannovers, zusammen mit vielen weiteren Neuankömmlingen aus dem Osten. Die Augen meiner Oma begannen jedes Mal zu leuchten, wenn sie mir erzählte, wie sie schließlich doch eine Dreizimmerwohnung in einem der neu errichteten Wohnblocks in Hannover-Döhren ergattern konnten. Ihr ganzes Arbeitsleben lang putzte sie die Büroräume einer Sparkassenfiliale. Nicht ohne einen gewissen Stolz, der vor allem auch daher rührte, dass sie sich, weil sie Weihnachtsgeld erhielt und Einladungen zu Mitarbeiterfesten bekam, als Teil der Sparkasse empfand (während heute Reinigungskräfte oftmals »ausgelagert« und gerade nicht mehr Teil des Teams sind). Mein Opa fand eine Anstellung als Dreher bei Continental.

In Hannover bekamen sie ein drittes Kind: meine Mutter. Alles schien sich einigermaßen stabilisiert zu haben, da traf die Familie ein furchtbarer Schicksalsschlag. An einem besonders regnerischen Tag ging die

Schwester meiner Mutter, inzwischen zwölf Jahre alt, aus dem Haus, weil sie sich ein Geodreieck für den Matheunterricht kaufen musste. Sie hielt sich den Regenschirm so dicht über den Kopf, dass sie beim Überqueren der Straße die Straßenbahn nicht bemerkte und von ihr erfasst und tödlich verletzt wurde.

Zu jener Zeit war meine Mutter gerade eingeschult worden. In den Kindergarten durfte sie nicht gehen, denn damals galt in Niedersachsen: Wenn du das dritte Geschwisterkind bist, hast du genügend Austausch mit anderen Kindern. Meine Mutter hatte ihre Schulzeit herbeigesehnt. Nun aber, da es endlich so weit war, stand sie unter Schock. Ihr Vater wurde nach dem schrecklichen Verlust sehr schweigsam. Ihre Mutter versuchte, sie mit allem, was sie hatte, aufzufangen. Doch schon bald begann ihre Lehrerin, Druck zu machen, sie solle auf die Sonderschule wechseln, weil sie angeblich, wie es damals hieß, »lernschwach« sei. Dass sie in ihrer eigenen Welt verweilte, um den Tod ihrer Schwester und die Stille zu Hause zu verarbeiten, und eigentlich Hilfe gebraucht hätte, kam niemandem in den Sinn. Nur mit großer Mühe konnte meine Oma nach Monaten einen Kinderpsychologen hinzuziehen, der mithalf, dass meine Mutter auf der Schule bleiben durfte. In den späteren Schuljahren traf sie zum Glück auf eine Lehrerin, die sie bestärkte: »Alles, was du bisher versäumt hast, kannst du noch nachholen.« Das tat sie auch. Sie machte ihren Realschulabschluss in einer Schule für Kinderpflegerinnen und absolvierte dann an der Berufsfachschule eine Ausbildung zur Erzieherin.

Mit 21 Jahren heiratete sie meinen Vater und bekam ihr erstes Kind – mich. 1983 folgte meine mittlere, 1985 meine jüngste Schwester. Als wir klein waren, übernahm meine Mutter die klassische Rolle der Hausfrau und Mutter. Im Laufe der Zeit stieg sie dann schrittweise wieder in den Erzieher*innenberuf ein und holte nach, was vorher nicht möglich war: Als staatlich anerkannte Erzieherin mit ausreichender Berufserfahrung konnte sie das Fachhochschulstudium der Sozialpädagogik aufnehmen und schloss dieses im Alter von 37 Jahren mit Diplom ab. Viele Jahre lang hat sie dann als Sozialpädagogin für die Katholische Familienbildungsstätte Hannover gearbeitet, vor allem in der Beratung und der Begleitung von Familien. Ich habe sie bei der Arbeit erlebt, ihren Umgang mit Kindern, mit Müttern und Familien in schwierigen Lebenssituationen beobachtet. Was wäre es für ein Verlust für all diese Familien gewesen, hätte meine Mutter nicht die Chance gehabt, aus dem selbst Erlebten doch noch die Kraft zu schöpfen, anderen etwas mitzugeben.

Der Werdegang meiner Mutter ist ein Beispiel von Millionen: dafür, welche Chancen der zweite Bildungsweg eröffnet und wie wichtig es ist, dass wir diese Möglichkeiten offenhalten und ausbauen. So sind es doch oft die Umwege, die zum Ziel führen. Dafür brauchen wir einen Blick. Zumal unsere Berufswelt, die sich immer verändert hat, durch die weitere Digitalisierung und Automatisierung eine neue Revolution erleben wird. Man wird nicht mehr sein ganzes Leben in einem Betrieb mit einem Vertrag verbringen. Arbeitsort und Wohnort können gefühlte Welten auseinanderliegen.

Unsere Art der Forschung verändert sich. Disziplinen verschwimmen, Unternehmen verwandeln sich.

Damit jede*r, egal, ob selbstständig, arbeitslos oder angestellt, selbstbestimmt neue berufliche Perspektiven entwickeln kann, wäre ein individueller Rechtsanspruch auf Weiterbildung sinnvoll. Der allerdings kann nur dann umgesetzt werden, wenn er durch ein auskömmliches Weiterbildungsgeld beziehungsweise durch Weiterbildungs-BAföG sowie einen Freistellungsanspruch begleitet wird. Denn ohne finanzielle Unterstützung, das erleben wir heute, ist die berufliche Weiterbildung gerade für viele Frauen, Menschen mit Migrationsgeschichte und prekär Beschäftigte kaum möglich.

Und wir brauchen – nun von der anderen Seite aus betrachtet – auch bei akademischen Werdegängen mehr und früheren Kontakt mit der Arbeitswelt. Dass heute nach wie vor viele Lehramtsstudierende erst am Ende ihres Studiums Schulklassen wirklich unterrichten, ist nur ein besonders grelles Beispiel für die vorherrschende Tendenz, die akademischen Bildungswege abzuschotten. Bildung sollte nie einseitig sein, sondern die Komplexität des einzelnen Menschen ebenso reflektieren wie die Vielfalt und Vielschichtigkeit der Gesellschaft, in der wir leben.

Herz und Verstand

Ende Juni 2019 reiste ich als Abgeordnete des Deutschen Bundestags und Mitglied des Familienausschusses, in den Irak und in die Autonome Region Kurdistan. Die Menschenrechtsaktivistin Nadia Murad hatte einige Jahre zuvor das grausame Schicksal jesidischer Frauen in den Händen des sogenannten Islamischen Staats (IS) öffentlich gemacht und war für ihr Engagement 2018 mit dem Friedensnobelpreis ausgezeichnet worden. Die Gespräche mit Nadia Murad hatten mich tief bewegt. Ich wollte mir selbst ein Bild von der Lage der jesidischen Frauen und Kinder machen, die der Gefangenschaft und jahrelangen Qual beim IS entkommen waren.

Die Terrororganisation hatte im August 2014 bei ihrem Überfall auf das nordirakische Sindschar geschätzt 7000 Jesidinnen und Jesiden ermordet, Tausende in die Flucht getrieben und rund 6500 Frauen und Kinder verschleppt. Etwa 1700 von ihnen sind bis heute verschollen oder noch immer in der Gewalt des IS. Die befreiten Mädchen haben mit acht, zwölf, vierzehn Jahren sexualisierte Gewalt in brutalster Form überlebt. Den Jungen ist es nicht besser ergangen. Knapp die Hälfte wurde als Kindersoldaten missbraucht. Permanente Schläge, Hunger und Durst, schwerste Misshandlungen. Sie wurden an Waffen ausgebildet und unter Todesdrohungen zum Kämpfen gezwungen. Viele von ihnen haben ihre Sprache verloren – buchstäblich.

Nach einer Nacht auf dem deutschen Botschaftsgelände in Bagdad – in meinem Zimmer lagen ein Helm, eine schusssichere Weste und ein Funkgerät für den Fall einer plötzlichen »Gefährdungslage« bereit – flogen wir weiter in den Nordirak. Von dort aus ging es

im gepanzerten Jeep, unter Geleitschutz der Regional-
polizei, durch die Autonome Region Kurdistan. Wir be-
suchten zwei Flüchtlingslager der Vereinten Nationen
nahe der Großstadt Dohuk: endlose, gleichförmige Rei-
hen von ehemals weißen Zelten, die mit der Zeit die
Farbe des staubigen Bodens angenommen hatten.

Im größeren der beiden Lager, dem Camp Kabarto
2, waren zu der Zeit 28 000 Menschen untergekom-
men. Dort berichteten mir vier Jesidinnen von ihrer
Tortur in den Händen des IS: verschleppt, versklavt,
gefoltert, zum Islam zwangskonvertiert, immer wieder
vergewaltigt. Nun waren sie zwar endlich ihren Peinigern entronnen, aber nicht alle von ihnen konnten
ihre Kinder retten. Eine der Frauen zeigte mir auf dem
gesplitterten Display ihres Handys Bilder ihrer beiden
Töchter, die eine neun Jahre alt, die andere fast drei.
Beide vollverschleiert. Sie befanden sich immer noch
in der Gewalt ihres Peinigers. Der Mann hatte sich eine
neue Frau »genommen« und die Mutter mit dem Sohn
fortgeschickt. Ich schluckte, versuchte, die Tränen zu
unterdrücken, wollte aber dem Blick der Frau nicht
ausweichen. Ihre Freundin legte ihr den Arm um die
Schultern. Mir rannen Tränen über die Wangen. Beim
Schreiben tun sie das noch heute.

Ende 2014, rund um das von Baden-Württemberg
aufgelegte »Sonderkontingent für besonders schutz-
bedürftige Frauen und Kinder aus dem Nordirak«,
hatte ich den Traumatologen Jan İlhan Kızılhan
kennengelernt, der jesidische Frauen und Kinder in
Baden-Württemberg betreute und zugleich im Nordirak ein Traumazentrum aufbaute. Denn auch wenn

es immer mehr Frauen gelungen war, dem jahrelangen Martyrium zu entkommen: Das Leid hörte nicht auf. Die Frauen, die von IS-Terroristen vergewaltigt worden waren und dadurch Kinder bekommen hatten, mussten nach ihrer Befreiung aus Demütigung, Missbrauch und Gehirnwäsche die nächste Qual erleben. Denn diese Kinder werden nicht nur nach traditioneller jesidischer Auffassung, sondern auch nach irakischem Recht als Muslime betrachtet und können nicht Teil der Gemeinschaft werden. Viele Jesidinnen haben deshalb aus Angst davor, verstoßen zu werden, ihre Kinder zurückgelassen. Einige gaben sie in Kinderheimen ab. Andere, die dazu nicht bereit waren, blieben bei ihren Peinigern oder versteckten sich.

Im Anschluss an meinen Besuch im Camp Kabarto 2 reiste ich daher weiter nach Lalisch, um den Hohen Rat, die geistliche und politische Führung der Jesidi*innen, zu treffen. Das bewaldete Hochtal zwischen den Bergen Hizrat, Misat und Arafat gilt ihnen als Mittelpunkt der Schöpfung. Dort befinden sich das Heiligtum von Scheich Adī ibn Musāfir und die Grabstätten weiterer bedeutender jesidischer Heiliger. Über die Silat-Brücke betrat ich den heiligen Bereich, barfuß, wie es vorgeschrieben ist. Lalisch ist ein wunderschöner Ort der tiefen Ruhe und des Friedens, zugleich durchdrungen vom Schmerz über den Genozid, den der IS an den Jesid*innen verübt hat.

In einem von Sofas gesäumten Saal erwarteten mich an die dreißig Männer, viele von ihnen in traditionellen Gewändern, bärtig und hochbetagt. In ihrer Mitte Xurto Hecî Îsmaîl, der inzwischen verstorbene

Baba Scheich, das geistliche Oberhaupt. Wir fünf – meine Mitarbeiterin, die stellvertretende deutsche Generalkonsulin, zwei Journalistinnen und ich – waren die einzigen Frauen im Raum. Die Herren sprachen lang und eindringlich über das Grauen, das ihrer Gemeinschaft widerfahren war. Sie beklagten, dass die internationale Hilfe, die sie erhielten, nicht mehr als »eine Paracetamol-Tablette ist, die man einem Krebskranken überreicht«.

Für die bedrängte jesidische Gemeinschaft spielen ihre seit Jahrhunderten gültigen Regeln eine große Rolle. So gesehen war der Schritt, den der Baba Scheich für die Frauen bereits getan hatte, äußerst wichtig: Er hatte klargestellt, dass sie trotz der Vergewaltigungen weiterhin der Gemeinschaft angehören konnten, und einige von ihnen in einer Taufzeremonie symbolisch für alle wieder aufgenommen. Aber er und seine Vertreter unterstrichen gleichzeitig, dass die in der Gefangenschaft gezeugten Kinder nicht in die jesidische Gemeinschaft aufgenommen werden könnten – genauso wie ihre Mütter, wenn sie sich nicht von ihren Kindern trennten.

Bei allem Respekt für die jesidische Kultur war es mir ein Bedürfnis, die Not der Frauen anzusprechen. Ich hörte mir an, warum die Männer nicht bereit waren, die Frauen mit ihren Kindern aufzunehmen, und erkundigte mich dann, wie sie ihre eigene Rolle bei der Bewältigung des Geschehenen sähen. Ich fragte: Wenn die Kinder und damit auch die Frauen aus der Gemeinschaft ausgeschlossen bleiben, hätte dann nicht der IS erneut genau das erreicht, was er wollte? Als meine Worte übersetzt wurden, erhob sich ein lautes Gemurmel. Die Männer redeten durcheinander, aber wir alle hatten den Eindruck, die Botschaft war angekommen: Wir stehen an der Seite der gepeinigten Frauen und ihrer Kinder, und wir wollen euch helfen – aber dafür müsst ihr selbst auch diesen Frauen helfen.

Ich nahm das Thema mit nach Hause. Weil ich aus der Opposition heraus alleine wenig ausrichten konnte, suchte ich für mein Anliegen Unterstützung in den Regierungsparteien. Ich fand sie beim Bundestagsvizepräsidenten Thomas Oppermann von der SPD – dessen plötzlicher Tod im Oktober 2020 einen unersetzlichen Verlust für die deutsche Politik bedeutet – und beim langjährigen Vorsitzenden der Unionsfraktion Volker Kauder. Gemeinsam setzten wir uns dafür ein, ein bundesweites Sonderkontingent für die Aufnahme jesidischer Frauen und Kinder zu schaffen – auch als Nachfolge des »Sonderkontingents« von Baden-Württemberg, das mittlerweile ausgelaufen war. Etliche Bundesländer, in denen wir Grünen mitregierten, waren bereit, sich anzuschließen. Unsere Initiative ließ sich gut an, das Bundesinnenministerium signalisierte die Möglichkeit eines gemeinsamen Vorgehens. Doch zum Jahreswechsel 2019/20 kam es zu einer plötzlichen Kehrtwende, wohl weil sich die CDU/CSU nicht auf eine gemeinsame Haltung einigen konnte. In die Bresche sprang, im Rahmen seiner Möglichkeiten, Bundesentwicklungsminister Gerd Müller, dessen Ministerium ohnehin parallel an weiterer Unterstützung vor Ort arbeitete. Bald entstand die Idee, dort ein Schutzhaus zu errichten für ebendiese Jesidinnen mit Kindern, die aus Vergewaltigungen hervorgegangen sind. Auch wenn das Projekt nur ein Tropfen auf den heißen Stein ist, so ist es zumindest ein Anfang. Nach wie vor kommen Frauen aus der Gefangenschaft zurück. Und nach wie vor hoffen einige, ihre Kinder nachholen zu können.

Nach meinem Gespräch mit den Jesidinnen im Camp Karbato 2 hat mich eine der beiden mitreisenden Journalistinnen gefragt: »Können Sie sich wirklich vorstellen, Außenpolitik zu machen, wenn Ihnen in so einem Moment die Tränen kommen?« Die Frage erstaunte mich. »Als Sigmar Gabriel zu seiner Zeit als Außenminister ein Flüchtlingscamp besuchte, war er doch auch sichtlich erschüttert«, antwortete ich. »Ja«, sagte sie daraufhin, »aber er hat nicht geweint.«

Dafür gibt es Methoden. Ich hätte in dem Moment, in dem mir die Jesidin das Schlimmste zeigte, was einer Mutter widerfahren kann, krampfhaft an etwas anderes denken müssen. Aber Menschen, die Entsetzliches durchgemacht haben, nicht wirklich zuzuhören, um eine vermeintlich korrekte Außenwirkung nicht zu gefährden – das bin ich nicht.

Wohin die Haltung, Politik solle ihr Mitgefühl disziplinieren, führt, erleben wir seit Jahren an den Außengrenzen Europas. Wo aus Menschen Masse wird und ein Leben zu einer anonymen Zahl. Dann lassen sich Sätze formulieren, wie sie 2018 fielen: »Zwischen Libyen und Europa darf es keinen Shuttle geben.« Wenn wir uns aber erlauben, auf die einzelnen Menschen zu schauen – über 100 000 Menschen flüchteten damals laut UNHCR über das Mittelmeer –, kann man diesen Satz kaum aussprechen. Dann sieht man die klapprigen Boote nicht als Shuttle, sondern die Menschen darauf, die dicht an dicht kauern. Oder es schießt einem das Bild in den Kopf von zwei Frauen und einem vierjährigen Kind, eingeklemmt auf den Resten eines der gekenterten Boote, aus dem Herbst 2018. Seenotretter*innen konnten nur eine der Frauen lebend bergen. Auf die Frage, warum die drei sich nicht von der libyschen Küstenwache hatten »retten« lassen, die zuvor schon andere Geflüchtete aus dem Wasser gezogen hatte, antwortete sie: »Wir, und vor allem meine Freundin, waren nicht bereit, uns erneut in die Hände der Küstenwache zu begeben.« Wenn wir also genau hinschauen, sehen wir eine Mutter mit ihrer Tochter, die lieber auf dem Mittelmeer verdurstet, als dass sie ihre Tochter in die Hölle von Libyen zurückschickt.

Natürlich ergibt ein Einzelschicksal keine Politik, und Aufgabe von Politik ist es ja gerade, Regeln für das Allgemeinwohl zu setzen – und dafür muss sie vom Einzelschicksal abstrahieren, sonst wird sie handlungsunfähig. Wenn wir aber zulassen, hinter politischen Entscheidungen die einzelnen Menschen zu sehen, dann führen wir andere Debatten. Das mündet auch in eine andere Politik.

Um nicht missverstanden zu werden. Mir geht es hier nicht nur um die Flüchtlingspolitik und erst recht nicht darum, zu sagen, wir bräuchten keinen europäischen Grenzschutz (auf die Frage von humanen und kontrollierten Außengrenzen gehe ich im Kapitel »Europäisch handeln« genauer ein). Was mich umtreibt, ist, das Denken aufzubrechen, das in Menschlichkeit politische Schwäche sieht.

Die Hälfte der Macht

Seit 16 Jahren hat Deutschland eine Bundeskanzlerin. Heißt das, andersherum betrachtet, dass Frauen heute in der deutschen Politik und Gesellschaft die Gleichberechtigung und Gleichbehandlung erreicht haben, die uns laut Grundgesetz garantiert ist? In den Bundesregierungen von 1949 bis zur Besetzung in der aktuellen Legislatur waren von 692 verbeamteten Staatssekretär*innen 668 Männer und 24 Frauen. Je nachdem, in welche Richtung ich als Abgeordnete bei den Sitzungen im Deutschen Bundestag schaue, sieht es nicht viel besser aus. Bei Fraktionen, die keine Quote haben, ist der Frauenanteil auch im Jahr 2021 weit weg von der Lebenswirklichkeit der Menschen im Land: 10,9 Prozent (AfD), 17,4 Prozent (CSU), 20,5 Prozent (CDU) und 23,8 Prozent (FDP). Im internationalen Vergleich nimmt die Bundesrepublik mit 32 Prozent Frauen im Parlament derzeit Platz 48 ein.

Frauenrechte mussten in Deutschland immer mühsam erkämpft werden. Bis vor gut hundert Jahren hatten Frauen hier kein Stimmrecht bei nationalen Wahlen. Noch vor sechzig Jahren war es Frauen in Westdeutschland verboten, ohne Erlaubnis ihres Mannes ein Bankkonto zu eröffnen. Bis in die 1970er-Jahre hinein durften sie nur arbeiten, wenn es sich mit »ihren Pflichten in Ehe und Familie« vereinbaren ließ, und bis kurz vor der

Jahrtausendwende war Vergewaltigung in der Ehe kein Straftatbestand. Jedes Mal war es ein hartes Ringen, bis diskriminierende Gesetze geändert wurden. Jedes Mal hieß es erst, das sei unmöglich.

Als am 19. Februar 1919 die Potsdamer Sozialdemokratin Marie Juchacz ans Rednerpult der Weimarer Nationalversammlung trat, begann sie ihre Ansprache mit den Sätzen: »Es ist das erste Mal, daß in Deutschland die Frau als freie und gleiche im Parlament zum Volke sprechen darf, (…) Ich möchte hier feststellen und glaube damit im Einverständnis vieler zu sprechen, daß wir deutschen Frauen dieser Regierung nicht etwa in dem althergebrachten Sinne Dank schuldig sind. Was diese Regierung getan hat, das war eine Selbstverständlichkeit: sie hat den Frauen gegeben, was ihnen bis dahin zu Unrecht vorenthalten worden ist.«

Es ist wichtig, dass wir diese Worte nicht vergessen. Die Gleichberechtigung der Geschlechter ist keine Gefälligkeit, sondern ein Menschenrecht. Wenn die Hälfte der Bevölkerung nicht gleichberechtigt beteiligt, repräsentiert und bezahlt wird, fehlt der Demokratie Elementares. Das Grundgesetz stellt es dem Gesetzgeber nicht frei, für Gleichberechtigung zu sorgen, sondern macht genau das in Artikel 3 zur Pflicht mit dem Satz: »Der Staat fördert die tatsächliche Durchsetzung der Gleichberechtigung von Frauen und Männern und wirkt auf die Beseitigung bestehender Nachteile hin.«

Aber auch hier hat die Corona-Pandemie ihren Brennglas-Effekt gezeigt: Überwunden geglaubte Rollenverteilungen und die Grenzen der Vereinbarkeit von Familie und Beruf traten in erschütternder Einseitigkeit wieder zutage. Frauen haben in der Krise weit häufiger ihre Jobs zurückstellen müssen, um das Homeschooling und die Kinderbetreuung zu meistern. Sie bekommen durch das fragwürdige System des Ehegattensplittings zudem oft netto deutlich weniger Kurzarbeiter*innengeld als ihre männlichen Kollegen. Sie sind nach wie vor deutlich überproportional mit der Betreuung von Kindern und Angehörigen beschäftigt. Zugleich sind es vor allem Frauen, die in unterbezahlten Pflegeberufen die medizinische Versorgung aufrechterhalten und dabei selbst ihre Gesundheit aufs Spiel setzen.

Als selbstbewusster Teenager der frühen Generation Y dachte ich, die Gleichberechtigung hätten Frauen vor mir bereits erstritten. Weit gefehlt. Darauf, was indirekte Diskriminierung bedeutet, wurde ich zum ersten Mal mit der Nase gestoßen bei einem Job in den Semesterferien in einer Fabrik für Fahrzeugbremsen. Der Student, der neben mir am Fließband stand, erhielt für die gleiche Arbeit eine Mark mehr Stundenlohn. Zur Begründung hieß es, ihm traue man zu, dass er das Fließband auch reparieren könne, wenn es mal haken würde. Damals ging mein Puls so richtig hoch. Wie oft hatte ich meinen Kumpels beim Autoreifenwechseln geholfen, weil mein Vater seinen drei Töchtern immer eingeschärft hatte: »So was muss man können im Leben. Ihr wollt doch nicht blöd am Straßenrand stehen und hoffen, dass euch ein Mann hilft.«

Autoreifen muss man heute bei Pannen (kleineren zumindest) nicht mehr wechseln. Man sprüht stattdessen Reifendichtmittel in den beschädigten Reifen. Aber am Gender Pay Gap, also am Lohnunterschied zwischen Frauen und Männern, hat sich auch zwei Jahrzehnte später nicht wirklich etwas geändert. Der Verdienstunterschied lag 2020 zwischen Männern und Frauen bei vergleichbaren Tätigkeiten bei sechs Prozent. Ziemlich genau also bei der einen Mark pro Stunde wie damals am Fließband.

Der unbereinigte Unterschied liegt bei 18 Prozent. Oder bildlich ausgedrückt: Bis zum 10. März haben Frauen im Jahr 2021 sozusagen unentgeltlich gearbeitet. Damit zählen wir zu den Schlusslichtern Europas. Manche versuchen hier mit dem Argument abzuwiegeln, es sei doch eine freiwillige Entscheidung von Frauen, dass sie vielfach in Halbtags- oder Teilzeitjobs arbeiten – die nicht nur schlechter bezahlt, sondern obendrein kaum ins Rentensystem einbezogen sind. Wer glaubt, ein solcher Verzicht auf Verdienst und das damit einhergehende Risiko von Altersarmut seien freiwillig, ist vermutlich auch der Meinung, dass Frauen in Deutschland selbst entschieden hätten, nach wie vor über 75 Prozent der unbezahlten Fürsorge- und Hausarbeit zu verrichten. Bei der Berechnung des Bruttoinlandsprodukts (BIP) bleibt dieser Wirtschaftsfaktor komplett außen vor. In der politischen Debatte spielt er bisher auch kaum eine Rolle.

Natürlich gibt es Hunderte unterschiedliche Gründe für so persönliche Entscheidungen, wie man sich das Familienleben aufteilt. Aber es gibt eben auch nach wie vor Faktoren, die diesen gravierenden Lohnunterschied befördern. Zum Beispiel das Steuersystem, das belohnt, wenn es eine relativ große Lohndiskrepanz zwischen Ehepartner*innen gibt. Und noch viel mehr das strukturelle Problem bei der Vereinbarkeit von Familie und Beruf: Fehlende Betreuungsplätze, die das Berufsleben oder den Wiedereinstieg nach der Geburt der Kinder erschweren. Der Mangel an Krippen- und Kitaplätzen, vor allem im Westen, aber inzwischen auch in ostdeutschen Städten, ist eine Dauersorge für junge Eltern. Trotz Rechtsanspruch ab dem ersten Lebensjahr haben 14 Prozent der unter Dreijährigen – also 342 000 Kinder – keinen Betreuungsplatz. In manchen Orten über zwanzig Prozent. Es sind häufig die Mütter, die deshalb nach der Elternzeit nicht wieder in den Beruf einsteigen können. Von Vollzeit ganz zu schweigen. Sie opfern ihre Karriere und damit auch einen Teil ihrer Rente. Neudeutsch: Elternfalle – meistens Mütterfalle. Sie setzt sich in den beruflichen Strukturen fort, die nur bedingt auf junge Mütter eingestellt sind.

Es hätte jede von uns treffen können, aber medial traf es die ehemalige Familienministerin Kristina Schröder. Ihr Name stand ziemlich weit oben auf einer Liste der angeblich faulsten Abgeordneten des Bundestags. Da ging es um die Fehlzeiten im Parlament, die sich danach berechnen, wie oft man bei sogenannten namentlichen Abstimmungen nicht anwesend ist. In der Teilnahmequote an genau diesen Abstimmungen spiegelt sich ohnehin nur sehr bedingt die Arbeitsintensität von Abgeordneten, aber sei's drum. Vor der Sommerpause und vor Weihnachten gibt es jedenfalls meistens relativ viele. Kristina Schröder fehlte im

Sommer 2014 einige Sitzungswochen und damit auch bei einigen Abstimmungen – und wurde nun prompt medial angeprangert. Wer aber mal hingeschaut hätte, hätte wissen können, dass sie gerade in der Zeit ein Kind bekommen hatte. Leider tauchte das damals in den offiziellen Statistiken aber nicht als Begründung auf, sondern Mutterschutz wurde unter »abwesend« subsummiert.

Hier zeigt sich, wie wichtig das Thema Repräsentanz ist. Denn dieser Missstand hatte zuvor ja auch schon andere Frauen getroffen. Zu jener Zeit aber war eine ganze Reihe von jüngeren Frauen in den Bundestag eingezogen. Und so taten wir uns fraktionsübergreifend – unter der Führung von Katja Kipping, Franziska Brantner, Lisa Paus, Dagmar Schmidt und Susann Rüthrich und eben Kristina Schröder – zusammen, um diesen Anachronismus zu beenden. Dabei erstritten wir auch einen Still-, Spiel- und Wickelraum, auch wenn das deutlich länger dauerte. Denn das, was schon an manchen Autobahnraststätten selbstverständlich ist, sogar auf der Männertoilette, war bis 2015 ausgerechnet im Hohen Haus der Republik nicht vorgesehen. Auch ein Ausdruck dessen, dass jahrzehntelang hier vor allem ältere Herren ein und aus gingen, die andere Lebensrealitäten nicht auf dem Schirm hatten beziehungsweise ignorierten.

Wie unangenehm es mit Kleinkindern ohne einen solchen Rückzugsraum ist, spürten einige von uns, als im Sommer 2015, sehr kurzfristig mitten in der Sommerpause des Parlaments, eine Sondersitzung wegen des dritten Euro-Rettungspakets für Griechenland einberufen wurde. Hier kam es auf jede proeuropäische Stimme an, und damit auf jede Stimme der Grünen, denn es war zu befürchten, dass eine größere Zahl an Unionsabgeordneten das Paket verhindern könnte. Meine Kolleginnen Luise Amtsberg, Katharina Dröge und ich wollten daher unbedingt anreisen. Da Abgeordnete keine Elternzeit nehmen können und unsere Babys erst ein paar Wochen alt waren, nahmen wir die Kleinen kurzerhand mit in den Bundestag. Logischerweise mussten die Babys bei einer fünfstündigen Sitzung zwischendurch mal gestillt und gewickelt werden. Nur gab es aber damals in der Nähe des Plenarsaals keinen Ort, an dem das möglich gewesen wäre.

Die Lösung fand sich im Andachtsraum. Den gibt es seit 1999, er wurde von dem Künstler Günther Uecker gestaltet und befindet sich in unmittelbarer Nachbarschaft zum Plenarsaal. Und da schon Jesus gesagt hat: »Lasset die Kinder zu mir kommen«, zogen wir uns also alle drei dorthin zurück. Ein bisschen später kam dann der »offizielle« Raum. Natürlich brach mit diesem »Spiel-, Wickel- und Stillzimmer« gegenüber vom Plenarsaal keineswegs die Struktur des Bundestags zusammen.

Mit Recht könnte man einwenden, dass Abgeordnete anders als die allermeisten Beschäftigten so viel Geld verdienen, dass sie sich nicht beklagen sollten. Das stimmt. Wir können eine Kinderbetreuung finanzieren und sind auf gewisse Art auch unsere eigenen Chefinnen. Dennoch hat es aus meiner Sicht Auswirkungen, wenn eine der zentralen gesellschaftlichen Herausforderungen unserer Zeit, nämlich die Vereinbarkeit von Familie und Beruf, ausgerechnet an dem Ort, wo die Gesetze dieser Gesellschaft geschrieben werden, nicht gelebt werden.

Während wir in Deutschland darum ringen, wie wir Fortschritte bei der Gleichberechtigung erreichen, sehen wir in anderen Ländern bedrohliche Rückschritte. Wir erleben weltweit, dass das Beschwören des starken Mannes mit dem Erstarken von autoritären Kräften und mit einem Abbau von demokratischen Rechten einhergeht. Der ehemalige US-Präsident Donald Trump, der sexuelle Belästigung für ein legitimes Verhalten von Männern in Machtpositionen hält, erniedrigte in seiner Amtszeit ständig Frauen und Minderheiten. Die Türkei trat im März 2021 aus der Istanbul-Konvention aus, die Gewalt gegen Frauen bekämpfen und verhüten soll. Diesen Austritt hatte der türkische Präsident Recep Tayyip Erdoğan nach dem Willen seines rechtsextremistischen Koalitionspartners und autoritärer, frauenfeindlicher Kräfte initiiert. Er ging Hand in Hand mit erneuten Angriffen auf die Opposition.

Auf der anderen Seite sind es in den letzten Jahren gerade progressive Politiker*innen, die als Staats- und Regierungschef*innen für eine andere, eine empathische, liberale und entschlossen emanzipatorische Politik stehen, eine Politik, die sich den Menschenrechten und der Gleichstellung aller verpflichtet. Sie sind damit zu Hoffnungsträger*innen für eine bessere Zukunft geworden. Jüngstes Beispiel ist die 39-jährige Vjosa Osmani im Kosovo, aber auch die Sozialdemokratin Sanna Marin in Finnland oder der dreifache Vater Justin Trudeau gehören dazu. Als Trudeau

2015 Premierminister von Kanada wurde, bildete er ein Kabinett, in dem die gesamte Vielfalt des Landes vertreten war. In seinen Worten, ein Kabinett »*that looks like Canada*«. Ein Bundeskabinett zu bilden, das der Vielfalt von Deutschland entspricht, sollte auch unser Anspruch sein.

Nehmen wir die bedrückenden Erkenntnisse aus der Pandemie zum Ansporn, endlich eine umfassende, die Ressorts übergreifende Gleichstellungsstrategie in Deutschland durchzusetzen. Sprich: Alle politischen Entscheidungsebenen sollen sich dazu verpflichten, Gleichstellung in ihrer Arbeit und ihren Vorhaben zu berücksichtigen.

Unsere Demokratie ist umso stärker, je mehr die Gestaltungsräume unserer Gesellschaft allen Teilen der Bevölkerung gleichermaßen offenstehen. Die Forderung nach Gleichberechtigung, nach gleichwertiger Repräsentation und auch gleicher Bezahlung beschränkt sich daher nicht auf Frauen. Ein moderner Feminismus sieht den Kampf für die Rechte der Frauen immer auch im Zusammenhang mit dem Kampf gegen die Diskriminierung anderer Gruppen. Hat sich die Benachteiligung von Frauen in unserer Gesellschaft heute weitgehend auf die strukturellen Ebenen verlagert, so erleben Menschen mit Migrationsgeschichte, nicht weißer Hautfarbe, diverser sexueller Identität oder Menschen mit Beeinträchtigung in Deutschland nach wie vor ganz direkt Diskriminierung. Nicht zuletzt haben sie nicht ansatzweise die gleiche Repräsentanz in Verwaltungen, Rundfunkräten, Hochschulprofessuren oder Parlamenten wie in der Gesellschaft. Nur rund acht Prozent von 709 Abgeordneten im Bundestag haben eine Migrationsbiografie. Noch weniger repräsentativ sieht es bei den soziokulturellen Aspekten aus. Nur 0,4 Prozent der Bundestagsabgeordneten haben als Abschluss die Mittlere Reife.

Jemand kann sich selbstverständlich auch dann für die Rechte von Lesben und Schwulen einsetzen, wenn er selbst heterosexuell ist. Wenn nur diejenigen für etwas sprechen dürfen, die selbst davon betroffen sind, dann wäre das das Ende der solidarischen Gesellschaft. Das Wesen einer repräsentativen Demokratie ist ja gerade, sich stellvertretend für andere einzusetzen, über die eigenen unmittelbaren Interessen hinaus. Norddeutsche auch für Süddeutsche, Jüngere auch für Ältere, Frauen auch für Männer. Zugezogene auch für Hiergeborene. Menschen mit viel Einkommen für Menschen, die von Hartz IV leben müssen. Eine Gesellschaft zeigt sich gerade dadurch solidarisch, dass Gruppen nicht nur das eigene Interesse vertreten, sondern im besten Sinne auch für das Allgemeinwohl handeln.

Trotzdem zeichnet es eine Gesellschaft der Vielen aus, dass unterschiedliche Sichtweisen in die Politik einfließen. Durch stärkere Interessenvertretung unterrepräsentierter Gruppen halten Erfahrungen Einzug, die bislang blinde Flecken im Denken sind. Wer im Rollstuhl sitzt, kämpft auch heute ständig mit zu hohen Bordsteinen und unzugänglichen Bahnsteigen oder stößt auf öffentliche Räume, die nur über Treppen zu erreichen sind. Jemand, der das selbst nicht erlebt hat, nimmt das kaum wahr. Einer meiner Mitschüler am Humboldt-Gymnasium in Hannover war bis zu unserem Abitur im Jahr 2000 darauf angewiesen, dass sein Vater oder seine Mutter ihn in der Schule begleitete, um ihn die einzelnen Stockwerke hochzuhieven. Natürlich setzte ihm das zu. Hätten es sich seine Eltern nicht leisten können, ihn jeden Tag zu unterstützen, wäre ihm das Gymnasium sicherlich verwehrt geblieben. Heute ist er IT-Spezialist bei einer Landesbehörde.

An diesem Missstand hat sich nichts Wesentliches geändert. Zwar ist seit 2009 in Deutschland die Behindertenkonvention der Vereinten Nationen (VN) in Kraft. Damit hat sich unser Staat verpflichtet, alle Bereiche der Gesellschaft für die Teilhabe von Menschen mit Behinderungen zu öffnen. Doch im Unterschied zu vielen anderen Ländern sind bei uns bis heute nicht einmal barrierefreie Umbauten vorgeschrieben. Von Inklusion wird viel geredet, bei den konkreten Maßnahmen sieht es aber mehr als dürftig aus.

Als mein Mann und ich 2016 einer syrischen Familie, die wir beim Welcome Dinner in Potsdam kennengelernt hatten, bei der Wohnungssuche halfen, bekam ich eine Ahnung davon, was Menschen, die als fremd oder anders wahrgenommen werden, immer noch durchmachen müssen. Ein ums andere Mal, wenn mit Vermieter*innen schon ein Besichtigungstermin vereinbart war und ich die Information nachschob, dass es um meine Patenfamilie ging, hieß es: »Tut uns leid, an Leute ohne Deutschkenntnisse können wir die Wohnung nicht vergeben.« Das mag als Ausrede näher an der gefühlten Wahrheit sein als der Klassiker, dass plötzlich die Nichte die Wohnung braucht, weil sie überraschend zum Studieren herzieht. Aber schon die Unterstellung, dass eine aus Syrien geflüchtete Familie nicht in der Lage sei zu kommunizieren, zeugt von tief sitzenden Vorurteilen gegenüber bestimmten Gruppen, die wir dringend hinter uns lassen müssen.

Die Wohnungssuche ist ja nur einer von vielen Bereichen, in denen Menschen mit Migrationsgeschichte oder mit Namen, in denen ein »y« oder »cz« mehr steckt, immer noch diskriminiert werden. So, wie fast jede Frau sexuelle Belästigung kennt, muss wohl auch fast jeder Mensch mit dunklerer Hautfarbe erleben, dass ausgerechnet er als Erstes nach dem Ausweis gefragt wird.

Die jüdische Beteiligungspädagogin Marina Weisband sagte in ihrer Rede zum Holocaust-Gedenktag vor dem Deutschen Bundestag im Januar 2021: »Ich höre sehr oft von Menschen, dass wir die Einteilung in Schubladen lassen sollen – Schwarz und weiß, jüdisch oder nichtjüdisch, homo oder hetero. Dass wir einfach nur Menschen sein sollen. Und das ist eine wirklich schöne Vision. Ich will dahin. Aber ›einfach nur Mensch sein‹ ist ein Privileg derer, die nichts zu befürchten haben aufgrund ihrer Geburt. ›Einfach nur Mensch sein‹ bedeutet, dass jüdisches Leben unsichtbar gemacht wird. ›Einfach nur Mensch sein‹ bedeutet, dass Strukturen von Unterdrückung unsichtbar gemacht werden. Denn jede Unterdrückung – sei es Sexismus, Rassismus, Antisemitismus – lebt davon, dass sie für die Nichtbetroffenen unsichtbar ist.«

Eine zukunftsfähige Politik arbeitet dagegen an und setzt sich für eine inklusive Gestaltung der Gesellschaft ein. Erst dann hält die Demokratie ihr Versprechen, und nur das schafft Gerechtigkeit.

Für unsere syrischen Freunde konnten wir schließlich eine Wohnung finden. Wie so oft zeigte sich, was ich auch selbst bei meiner Zeit im Ausland (ich lebte ein Jahr in den USA und studierte und arbeitete später in London und Brüssel) immer wieder erlebt habe: In eine andere Gesellschaft hineinzuwachsen braucht Unterstützung, Partner*innen, Nachbar*innen, Freund*innen. Dann kommt eins zum anderen. Mit dem Auszug aus dem Flüchtlingsheim neben der Kläranlage Potsdam, wo der Bus nur selten hält, klappte es auch mit dem Kitaplatz. Essenziell, denn der ältere der beiden Jungs sollte im Sommer eingeschult werden. Durch die Betreuung konnte seine Mutter ihre Deutschkurse intensivieren. Dass sie megaschnell lernen würde, war von Anfang an klar, da sie selbst Lehrerin war und das große Glück hatte, in das Lehrer*innen-Programm für Geflüchtete an der Uni Potsdam hineinzukommen. Heute arbeitet sie in Brandenburg an der Havel als Lehrerin und ihr Mann als Busfahrer in Potsdam. Sie sind keine Einzelfälle. Sie sind ein Beispiel dafür, wie ein bisschen Hilfestellung die Dinge auf gute Weise ins Rollen bringen kann. Ein Beispiel dafür, dass faire Chancen auf Teilhabe Zusammenhalt schaffen. Sozialer Aufstieg ist gerade für Einwanderungsgesellschaften ein Kitt, der sie zusammenhält und Vertrauen erzeugt.

Gehen wir offen und guter Dinge mit der Realität um, dass die Bundesrepublik Deutschland ein Einwanderungsland in dritter, wenn nicht in vierter Generation ist. Eine Gesellschaft der Vielen. Die Antwort auf nationalistische identitäre Politik ist deshalb nicht, die Muster von abgegrenzten Gruppenidentitäten zu verstärken. Wir müssen im Widersprüchlichen das Verbindende suchen. Direkte und indirekte Diskriminierung bekämpfen. Wir müssen es schaffen, dass Menschen sich individuell angesprochen fühlen, und sie darüber für das Gemeinsame gewinnen. Das ist die Alternative zur Ausgrenzung: Illiberale Politik spaltet, Liberalität und soziale Teilhabe schaffen Zusammenhalt.

Verändern, um es besser zu machen

Die Wirklichkeit sehen

In diesem Jahrzehnt haben wir die Chance, eine epochale Aufgabe gemeinsam zu meistern: Wir können die Grundlagen für einen klimagerechten Wohlstand legen. Während sich Politik bisher beim Kampf gegen die Klimakrise meist darin erschöpfte, zu reagieren und Schäden zu mildern, geht es jetzt darum, mit Weitblick zu handeln und so das Schlimmste zu verhindern und dabei das Beste zu ermöglichen: einen Wohlstand, der nicht auf der Verbrennung von Kohlenstoff beruht, sondern auf sauberen Energiequellen wie Sonne, Wind und Wasser.

Schon 1987 warnte die Deutsche Meteorologische Gesellschaft in einem Memorandum »vor weltweiten Klimaänderungen durch den Menschen«. Doch kurz vor der Veröffentlichung dieses Papiers – es war im Jahr der Bundestagswahl – wurden die Wissenschaftler*innen vom Bundesforschungsministerium gebeten, es nicht zu tun. Der Bericht kam dann doch. Ebenso wie die fünf IPPC-Berichte (Sachstandsberichte des Weltklimarats), die zwischen 1990 und 2013 herausgegeben wurden (der sechste wird 2022 abgeschlossen sein) und in denen Tausende Wissenschaftler*innen aus aller Welt den naturwissenschaftlichen, technischen und sozioökonomischen Forschungsstand zur globalen Erhitzung, zu ihren Folgen und möglichen Gegenmaßnahmen zusammenfassten.

Klimaberichte sind ein Politikum, aber noch keine Politik. Wir wissen dank ihnen, dass sich die Schwerkraft ebenso wenig wie die Tatsache ausheben lässt, dass die Treibhausgasbelastung der Atmosphäre mit CO_2 derzeit bei rund 420 *parts per million* liegt. Wir wissen: Wenn die Kipppunkte im Klimasystem erreicht sind, leben wir in einer anderen Welt. Dann schwinden Böden, gibt es Schäden an der Infrastruktur, kommt es zu Überflutungen und Erdrutschen, später folgen Wassermangel und Dürre – weil der Permafrostboden in Sibirien nicht wieder herstellbar ist und Gletscher nicht wieder wachsen. Wir können einer wissenschaftlich basierten Simulation entnehmen, welche Menge an CO_2-Ausstoß mit wie hoher Wahrscheinlichkeit welchen globalen Temperaturanstieg hervorruft. Wie wir diesen Anstieg eindämmen, das müssen wir in einer Demokratie aushandeln.

Es geht nicht darum, *auf* Wissenschaftler*innen zu hören, sondern ihnen *zuzuhören*, um politische

Schlussfolgerungen daraus abzuleiten. Die menschen-gemachte Erderwärmung ist ebenso Fakt wie die ge-sundheitlichen Auswirkungen des Coronavirus SARS-CoV-2. Wie beim Umgang mit der Corona-Pandemie gibt es aber auch beim Kampf gegen die Klimakrise nicht die eine, einzige Antwort, sondern es gibt unter-schiedliche Strategien und oftmals auch Kombinatio-nen davon, die Teil eines gesellschaftlichen Aushand-lungsprozesses sind. Verteilungs-, Gerechtigkeits- und Machtfragen spielen dabei eine wesentliche Rolle. Ein Lockdown beispielsweise, das haben wir alle erfah-ren, wirkt sich ganz unterschiedlich auf Kinder, Äl-tere, Alleinstehende, Familien in großen oder kleinen Wohnungen, mit Garten oder ohne Garten aus. Gute Politik wägt daher auf Grundlage wissenschaftlicher Erkenntnisse ab, welche Folgen welche Maßnahme für welchen Teil unserer Gesellschaft haben – Spielplätze für Kinder, Läden für Einzelhändler*innen. Gute Politik setzt Prioritäten im Sinne des Allgemeinwohls, statt sich von Einzelinteressen treiben zu lassen oder aus Angst vor der Entscheidung gar nicht zu handeln.

Ähnlich ist es beim Klimaschutz. Rein wissenschaft-lich wäre es egal, ob man in Deutschland erst einmal komplett die rund 145 Millionen Tonnen energiebe-dingter CO_2-Emissionen aus dem Verkehr oder die 179 Millionen Tonnen CO_2 aus der Kohleverstromung reduziert. Gesellschaftlich macht es allerdings einen riesigen Unterschied. Im Strombereich gibt es mit den erneuerbaren Energien sehr ausgereifte und direkt einsetzbare Alternativen. Im Verkehr ist das bisher nur bedingt der Fall, und hier wiederum macht es einen großen Unterschied, ob Menschen in der Stadt oder auf dem Land wohnen. Wir brauchen also eine Politik, die auf Grundlage von wissenschaftlichen Erkenntnissen handelt und dabei die gesamte Gesellschaft im Blick hat. Die die ökologische Modernisierung sozial gestaltet, damit sie für alle funktioniert – für die Stahlarbeiterin in Salzgitter, den Pendler der brandenburgischen Prignitz oder den SGB-II-Bezieher im bayrischen Tirschenreuth.

Die letzten Jahre haben gezeigt, dass sehr viele Menschen dazu bereit sind, etwas für das Klima und die Umwelt zu tun, und auch politisches Handeln mit Nachdruck einfordern. *Fridays for Future* ist zwar als Jugendbewegung gestartet, doch die Sorge um die Zukunft unseres Planeten hat längst auch Eltern und Großeltern erreicht. Ich habe so viele Menschen – nicht nur bei den Grünen – getroffen, die sagen: »Die Kinder sind aus dem Haus, ich bin aus dem Berufsleben raus, ich möchte mich engagieren. Weil ich sehe, was bei uns auf den Feldern, in den Wäldern passiert. Weil ich nicht mehr wie in meiner Kindheit vom Steg in den See vor meiner Haustür springen kann, da das Wasser so stark zurückgegangen ist.«

Der Kampf gegen die Klimakrise hat die Generationen erreicht, die noch wissen, was wirkliche Knappheit bedeutet. Meine Oma hätte das Wort »Effizienz« niemals in den Mund genommen, aber jedes Mal, wenn ich unsere beiden Beistelllampen am Abendbrottisch anknipse, habe ich ihre Stimme im Ohr: »Mein Gott, Annalena, wie viel Lampen habt ihr denn an. Wie viel Strom das kostet!« Ich bin überzeugt, dass Klimaschutz heute ein Projekt ist, das die Generationen vereinen kann.

Hoffnung Paris

Als klimapolitische Sprecherin der Grünen Bundestagsfraktion reiste ich Ende November 2015 mit der deutschen Delegation zur VN-Klimakonferenz nach Paris. Sie fand im *Parc des Expositions* statt, einem weitläufigen Ausstellungsgelände nordöstlich der französischen Hauptstadt. An den Verhandlungen im Konferenzzentrum nahmen Delegationen aus über 150 Staaten teil. Begleitet wurde das Ganze auch von einer riesigen Messe, auf der sich Hunderte von NGOs, Wirtschaftsverbänden, Gewerkschaftsvertreter*innen und die Weltbank präsentierten – auch die Atomkraftlobby, die sich einen zweiten Frühling für ihre eigene Hochrisikotechnologie erhoffte.

Die Konferenz stand noch ganz unter dem Eindruck der furchtbaren Terroranschläge vom 13. November in Paris. Für die Stadt war der Notstand ausgerufen worden, und man hatte die Sicherheitsvorkehrungen rigoros verschärft. Doch trotz der beklemmenden Lage herrschte von Beginn an eine – wenngleich bange – Hoffnung. Käme dieser Gipfel zu einem guten Ergebnis, wäre das ein entscheidender Schritt im Kampf gegen die Erderhitzung. Es könnte damit auch ein neues Kapitel in der internationalen Zusammenarbeit aufgeschlagen werden. Zwar hatten nach dem Ende des Kalten Krieges viele ein goldenes Zeitalter des Multilateralismus heraufziehen sehen, seit Beginn des 21. Jahrhunderts aber mussten die Vereinten Nationen vor allem Rückschläge hinnehmen – von der gescheiterten Abrüstung bis hin zum fehlgeschlagenen Versuch, international die Sozialrechte zu stärken. Auch steckte das Scheitern der Klimakonferenz 2009 in Kopenhagen noch allen in den Knochen.

Es wäre ein Irrtum, zu glauben, dass auf Klimagipfeln ausschließlich Treibhausgasreduktionen verhandelt werden. Es geht ebenso um Entwicklungsfragen und Wohlstandsversprechen, um Wirtschaftskraft, historische Schuld, technologische Innovation und natürlich um Geld. Das multilaterale System der Klimadiplomatie, das oft als Klimazirkus belächelt wird, ist Weltgemeinschaft unter dem Brennglas. Jeder Staat hat eine Stimme. Der Inselstaat Nauru, mit seinen rund 12 000 Einwohner*innen die kleinste Republik der Erde, ebenso wie China mit seinen 1,4 Milliarden Menschen. Keine anderen Verhandlungsprozesse sind über Jahrzehnte transparenter verlaufen. Selbst die Diktatoren dieser Welt haben sich hier den demokratischen Prinzipien unterworfen. Das Pariser Abkommen steht daher nicht nur für Klimaschutz, sondern auch für die Zukunft des demokratischen Multilateralismus.

Die Pariser Klimakonferenz war langfristig vorbereitet worden. Der damalige VN-Generalsekretär Ban Ki Moon hatte bereits im September 2014 die Staats- und Regierungschef*innen nach New York eingeladen und die Länder dazu aufgerufen, ihre nationalen Beiträge zur Reduktion klimaschädlicher Emissionen auszuarbeiten. Dahinter steckte die Idee, einen Ambitionswettbewerb in Gang zu setzen, ein *Race to the Top*. Dieser Ansatz funktioniert ähnlich wie das *Top-Runner*-Programm zur Steigerung der Energieeffizienz bei Elektrogeräten. Um beim Beispiel zu bleiben: Am Ende sind nur die Hersteller zukunftsfähig, die die effizientesten Kühlschränke anbieten. Mit dem *Race to the Top* – das Beste setzt den Standard, den die anderen nach einigen Jahren ebenfalls erfüllen – wollte Ban Ki Moon die Staatengemeinschaft aus der Reserve locken, gleichzeitig hoffte er, damit auch in den einzelnen Ländern einen Wettlauf um die Zukunftsfähigkeit ihrer Wirtschaft auszulösen.

Die Entscheidung, dass jedes Land von nun an seine Klimaschutzziele selbstständig festlegt, ist in den nationalen Klimabeiträgen verankert und bildet das Herzstück des Pariser Klimaabkommens – mit all seinen Stärken und Schwächen: In den ersten Jahren passierte nichts, denn das Abkommen beinhaltet keinen Sanktionsmechanismus.

Beim aktuellen Tempo, das die Staatengemeinschaft vorlegt, sind wir meilenweit davon entfernt, die Erderhitzung auf deutlich unter zwei Grad, möglichst auf 1,5 Grad Celsius zu begrenzen. Die globale Durchschnittstemperatur lag im Jahr 2020 bereits um 1,2 Grad über dem vorindustriellen Niveau. Europa hatte in Paris eine Reduktion seiner Treibhausgasemissionen von minus vierzig Prozent bis 2030 gegenüber 1990 versprochen, was damals schon deutlich zu wenig war. Aber das weltweite Bekenntnis zur Klimaneutralität führte letztlich dann doch dazu, dass immer mehr

Wirtschafts- und Finanzakteure, die Wissenschaft und die Zivilgesellschaft konkrete Fahrpläne und Strategien zur Umsetzung dieser völkerrechtlichen Verabredung entwickelten.

Wie fast jede Klimakonferenz zuvor ging auch die Pariser Klimakonferenz in die Verlängerung. Für mich brachte das ein logistisches Problem mit sich. Ich hatte meine jüngere Tochter bei mir, weil sie erst wenige Monate alt war und noch gestillt wurde. Da meine Mutter, die sich um die Kleine kümmerte, während ich in den Sitzungen war, dringend nach Deutschland zurückmusste, blieb mir am letzten Tag also nichts anderes übrig, als meine Tochter mit zum Konferenzort zu nehmen. Nach meinen schlechten Erfahrungen, mit Kleinkind in den Deutschen Bundestag zu kommen, hatte ich etwas Sorge vor der Akkreditierung.

Die löste sich aber schnell auf. Wir waren ja mit den Vereinten Nationen zu Gast in Frankreich. Die französischen Sicherheitskräfte an der Eingangsschleuse waren begeistert angesichts des Babys, und Jochen Flasbarth, Staatssekretär im Bundesumweltministerium und neben der damaligen Umweltministerin Barbara Hendricks Verhandlungsführer der deutschen Delegation, übermittelte mir beste Grüße von der Konferenzleitung. Man freue sich darüber, dass eine, um die es hier geht, stellvertretend für Millionen dabei sei.

Um 19:24 Uhr besiegelte der damalige französische Außenminister Laurent Fabius unter dem Jubel der Anwesenden die Einigung per Hammerschlag. Wir

Delegierten, die wir von kreuz und quer aus der ganzen Welt angereist waren, lagen uns mit Tränen in den Augen in den Armen, als die großen Worte fielen: »Das Abkommen ist angenommen.«

In diesem Moment blickte ich meine schlafende Tochter im Kinderwagen an und dachte: Wenn sie so alt ist, wie ich es jetzt bin, ist das Jahr 2050, das Jahr, für das die Pariser Konferenz ihre großen Ziele formuliert hat. Wird sie mich dann, vielleicht inzwischen selbst Mutter kleiner Kinder, fragen, wie wir die Kehrtwende beim Klima hinbekommen haben? Oder wird sie gegen mich und meine Generation den großen Vorwurf erheben: Wie konntet ihr das nur so vermasseln?

In jener Nacht war allen klar: Mit dem Klimaabkommen von Paris – unterzeichnet von 194 Staaten und der Europäischen Union – war ein kleines Wunder vollbracht worden. Endlich wurde wieder ein großes multilaterales Vertragswerk in Kraft gesetzt. Viele gescheiterte Klimakonferenzen waren vorausgegangen. Die Pariser Konferenz war seit 1995 die 21. Vertragsstaatenkonferenz der Vereinten Nationen.

Nun aber war der Durchbruch gelungen, was übrigens ganz wesentlich der Hartnäckigkeit von Laurent Fabius als Konferenzleiter und der großartigen Generalsekretärin der VN-Klimarahmenkonvention Christiana Figueres zu verdanken ist. Sie wurden nicht müde zu wiederholen: Wenn wir diesmal versagen, werden unsere Kinder uns das nicht verzeihen. Und ja, ich habe meinem Kind damals in der Messehalle von Le Bourget unter grellem Neonlicht versprochen, alles dafür zu tun, damit das Wunder von Paris wahr wird.

Natürlich kann man sich auf den Standpunkt stellen, auch dieser Vertrag sei bloß Papier, ein zahnloser Tiger. Warum sollte beim Klimaschutz etwas gelingen, woran die Entwicklungspolitiker*innen seit Jahrzehnten scheitern? 1970 hatten die Mitgliedstaaten der OECD zwar versprochen, 0,7 Prozent ihres Bruttoinlandseinkommens für Entwicklungshilfe bereitzustellen, doch nur elf Länder haben dieses Ziel jemals erreicht – einige wie Deutschland auch nur für ein Jahr, um im Folgejahr wieder darunter zu fallen.

Aber wer behauptet, Klimakonferenzen bringen nichts, verkennt, dass sich dadurch über die Jahrzehnte ein globales Klimabewusstsein von großer institutioneller Kraft aufgebaut hat. Das Übereinkommen von Paris setzt dieses Bewusstsein in verbindliches Handeln um. Alle Staaten, auch Schwellen- und Entwicklungsländer, verpflichten sich, ihre Emissionen zu reduzieren. Die Industriestaaten stellen darüber hinaus Milliarden für Klimaschutz und Anpassungsmaßnahmen bereit. Letzteres ist entscheidend, um den Technologiesprung in weniger entwickelten Ländern zu schaffen. Das bedeutet, dass Länder vor allem in Afrika, die bisher nicht komplett elektrifiziert und industrialisiert sind, die Stufe fossiler Energiegewinnung aus Kohle, Öl und Erdgas überspringen und sofort auf grüne Technologien setzen könnten. Wobei ich hier bewusst im Konjunktiv formuliere. Denn bisher fließen die Gelder nur bedingt, und der Technologietransfer läuft schleppend. Ändert sich das nicht, werden wir die Klimakrise nicht in den Griff bekommen.

Zweifler*innen am Abkommen verkennen zudem, dass die Klimakrise zu einer Systemfrage geworden ist. Bei den australischen Buschbränden 2019/20 wurden mehr als 20 Prozent der bewaldeten Fläche des Kontinents zerstört. 2019 verlor der Grönländische Eisschild eine Million Tonnen Eis pro Minute. Durch die Klimakrise verursachte Extremwetterereignisse wie Überschwemmungen, Dürren, Hitzewellen, Sturmfluten und Wirbelstürme gefährden die Lebensgrundlagen, Ernährungssicherheit, Stabilität und den Frieden ganzer Regionen. Der Klimawandel wirkt sich auf die gesamte Wertschöpfungskette von Unternehmen aus, etwa durch den extremwetterbedingten Ausfall von Zulieferern, durch Schäden an Straßen, Schienen und Gebäuden oder durch Rohstoffknappheit. Zwischen 2000 und 2019 beliefen sich die Gesamtschäden aus klimawandelbedingten Extremwetterereignissen weltweit auf 2,56 Billionen US-Dollar. Deutschland verzeichnete allein 2018 Schäden in Höhe von rund 4,5 Milliarden Euro.

Rückversicherer, Weltbank und etliche nationale Zentralbanken preisen Klimarisiken mittlerweile als eine der größten Gefahren für die Wettbewerbsfähigkeit am globalisierten Markt ein. Die Klimakrise ist zum größten Geschäftsrisiko der Welt geworden. Nicht zu viel Klimaschutz, sondern zu wenig kann zum Verlust von Millionen von Arbeitsplätzen führen.

Positiv gesprochen: Klimaschutz ist also der entscheidende Wettbewerbsvorteil auf den Märkten der Zukunft. Der Kraft des Pariser Abkommens kann sich heute kaum eine Regierung und kaum ein Unternehmen mehr entziehen. Klimaneutralität ist die Aufgabe unserer Zeit. Sie ist die Aufgabe unserer politischen Generation.

Klimagerechter Wohlstand

»Im Prinzip dafür, im Konkreten dagegen« – die politische Praxis der letzten Jahre hat uns kostbare Zeit gekostet. Wenn erst jahrelang Technologieoffenheit gefordert und jetzt nur nach ganz viel Wasserstoff gerufen wird, kommen wir nicht weiter. Es geht nicht um ein bisschen weniger CO_2, sondern das Entscheidende ist: Wir brauchen Nullemissionen. Dafür müssen jetzt die notwendigen Windräder und Solaranlagen, Leitungen und Netze auch wirklich gebaut werden. Die Grundlagen werden nicht 2040 oder 2050 gelegt. Kritisch ist das Jahrzehnt, in dem wir uns schon befinden: die 2020er-Jahre. Jetzt. Es braucht jetzt den Anstoß durch die Politik, um die nötigen technologischen Innovationen für den Klimaschutz anzuschieben.

Unser Wohlstand beruht auf entschlossenen politischen Weichenstellungen in Zeiten des Umbruchs. An einer Wegscheide dieser Größenordnung stehen wir heute wieder. So wie es in den 1950er-Jahren ein mutiger politischer Schritt war, die Gemeinschaft für Kohle und Stahl und die Europäische Wirtschaftsgemeinschaft auf den Weg zu bringen, ist jetzt der richtige Moment, aus dem fossilen Zeitalter auszusteigen. So wie in den 1960er- und 1970er-Jahren – hart erkämpft von Gewerkschaften und Sozialdemokrat*innen – Arbeitnehmer*innenschutz und Betriebsräte zur gesellschaftlichen Norm wurden und Unternehmen erkannten, dass ihnen diese Errungenschaften weitaus mehr nützen als schaden, so gilt es jetzt, die soziale Marktwirtschaft weiterzuentwickeln: zu einer sozial-ökologischen Marktwirtschaft. Das ist mein wirtschaftspolitisches Leitmotiv. Nicht nur als volkswirtschaftliche, sondern auch als betriebswirtschaftliche Größe, sodass in jedem einzelnen Unternehmen der Faktor Ökologie verankert wird.

Viele Unternehmen haben sich bereits auf den Weg gemacht, sie werden aber nach wie vor durch einen falschen Ordnungsrahmen blockiert. Insbesondere unser Steuersystem belohnt immer noch, was die Umwelt zerstört. So werden zum Beispiel Diesel, Kerosin und Rohöl subventioniert. Stromspeicher hingegen sind nicht wirklich rentabel, weil Union und SPD festgelegt haben, dass der Strom doppelt besteuert beziehungsweise mit einer Abgabe belegt wird – einmal bei der Einspeisung und noch mal, wenn er wieder rausgeht.

Absurd ist ebenso, dass seit Jahren behauptet wird, man müsse sich zwischen Klimaschutz und sozialer Gerechtigkeit entscheiden. So entdeckten ausgerechnet diejenigen, die jahrelang gute Löhne verhindert haben, ihr Herz für Hartz-IV-Aufstocker*innen, als es um die Einführung einer CO_2-Bepreisung ging, oder merkten, dass Kinder in unserem reichen Land in Armut leben. Ohne Zweifel hat eine CO_2-Bepreisung eine soziale Komponente, weshalb wir auch die Einnahmen aus der CO_2-Bepreisung den Menschen als Energiegeld zurückgeben und die Stromkosten durch die Reduzierung der EEG-Umlage senken wollen. Um die sozialen Missstände in unserem Land zu lösen, hilft eine Arbeits- und Sozialpolitik, die die Lebenswirklichkeit von Menschen im Blick hat (siehe dazu Kapitel »Erneuerung braucht Halt«). Zudem verkennt diese falsche Zuschreibung, dass vor allem ärmere Menschen unter den Umweltauswirkungen sehr stark leiden. Am niedrigsten sind die Mieten an Hauptverkehrsstraßen, an denen der Lärm am lautesten und die Luft am schmutzigsten ist. Und in der günstigen Putenbrust für 99 Cent aus dem industriellen Stall stecken die meisten antibiotikaresistenten Keime.

Dieses Prinzip sollten wir umdrehen. In Zukunft muss gelten: Produkte, die gesund und sauber sind, sollen einen Vorteil am Markt haben. Das heißt, wir müssen endlich das Wohlergehen der Menschen in den Mittelpunkt stellen statt die Gewinnmaximierung Einzelner. Das Wirtschaftssystem neu aufzustellen und eine sozial-ökologische Marktwirtschaft zu schaffen, bedeutet für mich gerade nicht, den Markt infrage zu stellen. Der freie ökonomische Wettbewerb kann mit großer Kraft Innovationen entfachen, die wir für die Transformation brauchen. Märkte ohne gute Regeln wiederum können sehr viel zerstören. Das bekamen wir zu Beginn des 21. Jahrhunderts zu spüren, als unregulierte globale Finanzmärkte eine schwere Wirtschaftskrise auslösten und weltweit für schwere Verwerfungen gesorgt haben. Dogmatische Kampfaufstellungen wie Markt gegen Staat, Kapitalismus gegen Klimaschutz, Verzicht gegen Konsum bringen uns daher nicht wirklich weiter. Sie würden eine ohnehin schon sehr gestresste Gesellschaft zudem blockieren und verhindern, gemeinsam demokratische Lösungen für die Krisen unserer Zeit zu finden. Zukunft schaffen heißt für mich daher gerade nicht, in den Schwarz-Weiß-Debatten und den vermeintlichen Unvereinbarkeiten der Vergangenheit hängen zu bleiben, sondern die politischen Stellschrauben so anzusetzen, dass Nachhaltigkeit, soziale Fragen, wirtschaftliche Entwicklung und ökonomische Stabilität ineinandergreifen.

Dafür müssen Investitionen und Innovationen in den Dienst der sozial-ökologischen Transformation gestellt werden. Denn spätestens die Corona-Pandemie hat gezeigt, dass ökonomische Instrumente Mittel und nicht Ziele sind. Ein Wirtschaftsindikator wie das BIP, der im Zuge der Produktion verursachte Umweltschäden aus den Bilanzen ausblendet und nicht erkennt, wie tief eine Gesellschaft in einer Klima- und Ungleichheitskrise oder auch Demokratiekrise steckt, hat keine Zukunft. Ein solcher Indikator gibt nicht wieder, wie der Wohlstand in einer Gesellschaft verteilt ist, wie es um die Bildung steht oder wie zufrieden die Menschen in einem Land sind.

Gemeinsam mit anderen EU-Staaten und Ländern wie Kanada, die sich bereits auf den Weg gemacht haben, sollte die nächste Bundesregierung daher Kriterien für die Ermittlung eines vergleichbaren und objektiven Wohlstandsindikators entwickeln, der das BIP langfristig ersetzen kann. Der *Genuine Progress Indicator* (GPI) etwa misst, ob das wirtschaftliche Wachstum eines

Landes und die damit verbundene Mehrproduktion von Gütern und Dienstleistungen tatsächlich zu steigendem Wohlstand beziehungsweise Wohlbefinden führen. Er beinhaltet private Konsumausgaben, gewichtet diese aber mit anderen Komponenten: etwa dem Verlust von Freizeit, der Einkommensverteilung, Arbeitslosigkeit und anderen negativen Aspekten wie beispielsweise Kriminalität, Umweltverschmutzung, Verlust von Böden und Wäldern sowie langfristigen Schäden durch die Klimakrise. Und er fügt positive Komponenten wie Freiwilligendienste oder unbezahlte Hausarbeit hinzu, die das heutige BIP gar nicht erfasst. Durch die Unterscheidung dessen, was das Wohlergehen mindert, von dem, was es vermehrt, nähert sich das GIP besser dem tatsächlichen gesellschaftlichen Wohlstand an als das BIP, das im Grunde ein Umsatzindikator ist.

Allianzen bilden

Der globale Wettbewerb um die Technologien von morgen ist bereits in vollem Gange und die Europäische Union mit ihrem ökologischen Umbau- und Investitionsplan, dem Green Deal, keineswegs allein. China will bis 2060 klimaneutral werden. Japan hat dies, wie Südkorea, für 2050 angekündigt. Die USA sind mit Volldampf dabei, bis 2050 eine klimaneutrale Wirtschaft aufzubauen. Bereits ab 2035 soll es eine CO_2-freie Stromversorgung geben. Weitere Länder werden folgen. Die deutsche und die europäische Wirtschaft müssen sich in diesem Wettbewerb behaupten.

Mit Präsident Joe Biden und seiner Vizepräsidentin Kamala Harris besteht die große Chance, unter dem Leitmotiv einer sozialen und ökologischen Marktwirtschaft die transatlantische Partnerschaft auf ein neues Fundament zu stellen. Der europäische Green Deal, der bisher nur ein Konzept ist und kaum realisiert wird, könnte von einer transatlantischen Freihandelszone für klimaneutrale Produkte flankiert werden, die auch offen für andere Staaten sein sollte. Hier gibt es zahlreiche Anknüpfungspunkte, auch die Technologien sind da, zum Beispiel für den Ausbau der Wasserstoff-Infrastruktur. Es geht aber nicht nur um gemeinsame Standards, Finanzierungsmodelle und den Ausbau von Produktionskapazitäten für Batterien, Batterie-Recycling oder eine Ladeinfrastruktur für Elektroautos, sondern vor allem darum, Anreize für die Technologiesprünge zu schaffen, die jetzt notwendig sind.

Der Anteil der EU und der USA an den weltweiten Investitionen in Forschung und Entwicklung liegt bei rund sechzig Prozent. Die Kombination von erneuerbaren Energien, Wasserstoff und künstlicher Intelligenz wäre der nächste wichtige Technologiesprung. Sie könnte der Durchbruch zu einer modernen Weltwirtschaft werden. Diese Chance zu nutzen, ist entscheidend für die Zukunft. Denn wir tragen die historische Verantwortung für die gegenwärtige globale Erwärmung. Wir, sprich: die westlichen Industriestaaten, haben unseren Wohlstand seit zweihundert Jahren auf der Verbrennung von Kohle und Öl aufgebaut und damit die globale Erhitzung ausgelöst. Noch sind die USA und Europa für ungefähr zwanzig Prozent des globalen

CO$_2$-Ausstoßes verantwortlich. Wir stehen gemeinsam für gut dreißig Prozent der globalen Wirtschaftsleistung, für über vierzig Prozent der weltweiten Direktinvestitionen und 28 Prozent des Welthandels.

Würde sich eine ökonomisch so machtvolle Allianz im Sinne eines transatlantischen grünen Leitmarktes aufstellen, wäre das ein globaler *Game Changer*, der uns auch gegenüber der ökonomischen Expansion Chinas zu neuer Stärke verhelfen würde. Auf Chinas Vormarsch mit nationaler Abschottung und Zolldrohungen zu reagieren ist ebenso wenig die Lösung wie Handelsverträge, die soziale und ökologische Normen verwässern. Gemeinsame transatlantische Standards für Beschäftigte und Umwelt hingegen, die anderen offenstehen, könnten das Ende des verheerenden globalen Dumpings herbeiführen.

Ban Ki Moons Idee des klimapolitischen Ambitionswettbewerbs, des *Race to the Top,* könnte endlich wahr werden. Bereits auf der Klimakonferenz in Glasgow im November 2021 könnten dafür die Weichen gestellt werden. Es liegt auch in der Hand der nächsten Bundesregierung, Glasgow zum zweiten historischen Klimamoment zu machen.

In allen Bereichen

Die sozial-ökologische Erneuerung unseres Landes betrifft alle Bereiche. Im Kleinen ist sichtbar, wie es im Großen gelingen kann, wenn wir den richtigen Rahmen setzen.

Beginnen möchte ich mit dem Bausektor, dem »schlafenden Riesen« unter den klimarelevanten Wirtschaftsbereichen. Denn während Stromversorger oder Automobilkonzerne seit Jahren im Zentrum der öffentlichen Debatte stehen, hat man diesen Bereich so gut wie nicht auf dem Schirm. Momentan entstehen vierzig Prozent der global ausgestoßenen Treibhausgase beim Bauen und durch den Betrieb von Gebäuden und Infrastruktur. Und mehr als die Hälfte der gesamten Abfallmasse entsteht beim Bauen. Klar, wir werden weiter Häuser bauen, aber wir müssen vom übermäßigen Beton- und Zementverbrauch wegkommen. Die Entwicklung neuer, längerlebiger und klimafreundlicherer Baustoffe ist in vollem Gange. Deshalb bin ich überzeugt von der Vision eines »Bauhauses der Erde«, die der Klimaforscher Hans Joachim Schellnhuber entwickelt hat.

Bauhaus der Erde

An dieser Stelle ein kleiner Exkurs: Schellnhuber und ich wohnen beide in der Nähe von Albert Einsteins einstigem Sommerhaus, das er sich im idyllischen Caputh bei Potsdam bauen ließ. Dieses Haus wurde auf seinen ausdrücklichen Wunsch hin aus Holz errichtet. Knapp hundert Jahre vor der Klimakonferenz in Paris wählte der Jahrhundertphysiker den Baustoff, mit dem wir heute die Erderwärmung eindämmen können. Sein Bauherr, Konrad Ludwig Wachsmann, lernte später im US-Exil Walter Gropius kennen, der bekanntermaßen in den 1920ern mit dem Staatlichen Bauhaus in Weimar die Bauwelt des 20. Jahrhunderts revolutionierte. Ob man das Bauhaus und seine Formensprache nun mag oder nicht, seine Stärke war der ganzheitliche Ansatz, alle Gewerke vom Tischler bis zum Kunstmaler zusammenzubringen.

Das »Bauhaus der Erde« lehnt sich an diese Idee an. Es setzt auf eine weitgehende Umstellung von Stahlbeton auf Holz in Kombination mit nachhaltiger Aufforstung und nachhaltigem Waldumbau weltweit, um Bauen ökologischer zu machen und eine globale Kohlenstoffsenke zu schaffen. Zur Illustration: Wenn ein Einfamilienhaus aus Holz statt aus Beton, Stahl und Zement gebaut wird, können über 75 Hin- und Rückflüge von Berlin nach New York kompensiert werden.

Was alles in Holzbauweise möglich ist, zeigt der 84 Meter hohe »Brettlturm«, das erste Holzhochhaus in Wien. Auf seinen 24 Stockwerken aus etwa 4350 Kubikmetern Fichtenholz (75 Prozent des Gesamtmaterials) verteilen sich Büros, Arztpraxen, Geschäfte, ein Fitnessstudio, ein Restaurant und ein Hotel. In den Räumen duftet es nach Holz, dicke Holzpfähle ragen als tragende Säulen durch die Räume. Aus Gründen des Schallschutzes wurden aber auch andere Materialien verbaut. Das Fichtenholz stammt aus österreichischen Wäldern, die Menge, die verwendet wurde, wächst statistisch betrachtet innerhalb einer Stunde und 17 Minuten dort nach. Bei der Errichtung dieses Holzhochhauses wurden im Vergleich zu konventionellen Betonbauten 2800 Tonnen CO_2 eingespart.

Der Wettbewerb scheint auch weltweit eröffnet. In Amsterdam ist ein 130 Meter hohes Holzhochhaus geplant, in Chicago ein 228 Meter hohes und in Tokio eines mit 350 Metern Höhe. Nur in Deutschland müssten erst noch die Bauordnungen in langwierigen Verfahren geändert werden, um eine Hightech-mit-Natur-Revolution in Gang zu setzen.

Klasse statt Masse

Ähnliche Impulse bräuchte es in der Landwirtschaft – doch hier treibt das europäische Agrarfördersystem bisher die Industrialisierung der Landbewirtschaftung voran. Statt auf Klasse wird auf Masse gesetzt. Unabhängig von den Folgen beim Klima- und Gewässerschutz, der Artenvielfalt und dem Tierschutz. Ich habe verschiedene Höfe von Nord nach Süd besucht und gesehen, welche Kraftanstrengung es kostet, wenn herkömmliche Betriebe ihre Produktion auf Bio umstellen. Das trifft besonders auf Betriebe in strukturschwächeren Regionen zu. Gerade auch in Ostdeutschland, weil viele der riesengroßen landwirtschaftlichen Flächen der ehemaligen DDR-Produktionsgenossenschaften (LPGs) an Konzerne und Hedgefonds verkauft wurden und die wenigen kleineren Bauernhöfe sich so Geräte nur schwer teilen oder kaum gemeinsam schlachten können.

Lediglich fünf Prozent der Betriebe, die in Deutschland Schweine halten, wirtschaften ökologisch. Ein

Umbau dauert meist Jahre. Nötig sind größere Ställe, außerdem müssen fünfzig Prozent des Futters aus dem eigenen Betrieb oder von einem Bio-Kooperationspartner kommen. Wenn dann auch noch – wie in den letzten Jahren wegen der Hitzesommer – Erbsen und Lupinen auf den ausgetrockneten Böden eingehen, wird es richtig eng. Die bisherige Bioprämie kann das nur bedingt abfedern. Daher müssen die Gelder der öffentlichen Agrarförderung viel stärker nach ökologischen Kriterien vergeben werden. Monatelang haben dafür Grüne Landwirtschaftsminister*innen gekämpft und im März 2021 einen beachtlichen Verhandlungserfolg erzielt, auf den wir auf europäischer Ebene weiter aufbauen müssen. Die Landwirt*innen, die die meisten gesellschaftlichen Leistungen erbringen, sollen die höchsten finanziellen Förderungen erhalten.

Zugleich braucht es pragmatische Wege. Damit Bio schneller zum Standard wird, sollte man die Möglichkeiten von staatlichen Einrichtungen nutzen. Wenn nämlich öffentliche Kantinen von Behörden, Verwaltungen, Universitäten, Schulen und Kitas auf Bio umstellen, hat das eine Wucht, die mit Förderung kaum aufzubringen ist. Bisher liegt der Bio-Anteil in dieser »Außer Haus«-Verpflegung, wobei auch Restaurants dazu zählen, nach Schätzungen bei gerade einmal 1,3 Prozent. Wie es gehen kann, zeigt Schweden. Dort liegt der Bio-Anteil in den öffentlichen Einrichtungen bei knapp vierzig Prozent. Der Vorteil ist, dass das Essen nicht nur gesünder ist, sondern es kommt überwiegend auch aus der Region.

Grüne Industrie

Rund 23 Prozent der Treibhausgasemissionen Deutschlands stammen aus der Industrieproduktion, siebzig Prozent davon aus der Grundstoffindustrie – also aus den Schornsteinen von Fabriken, in denen Stahl, Chemie oder Zement produziert werden. Gleichzeitig befinden sich diese Branchen in einem harten internationalen Wettbewerb. Würden wir nur die Produktion in Deutschland umstellen, wäre wenig gewonnen. Die Produktion von Stahl und Co. würde sich ins Ausland verlagern, Tausende gute Arbeitsplätze gingen bei uns verloren.

Ideen, wie fairer Wettbewerb mit klimaneutraler Produktion gelingen kann, liegen längst auf dem Tisch. Die zurecht gepriesene deutsche Ingenieurskunst stürzt sich mit enormem Tüftler- und Erfindergeist zunehmend auf nachhaltige Produktionsweisen, auf Konzepte der Kreislaufwirtschaft und der Wertschöpfungskooperation. So lässt sich Stahl mit grünem Wasserstoff statt mit klimaschädlicher Kohle herstellen, erhöhen neue Werkstoffe und alternative Verfahren die Klimaverträglichkeit von Zement und weisen biotechnologische Verfahren sowie der Einsatz nachwachsender Rohstoffe in der Chemieindustrie den Weg aus der klimaschädlichen Erdölchemie.

Auf dem Gelände des Hüttenwerks der Salzgitter AG Avacon und Linde etwa wurden im März 2021 im Rahmen des Projektes »Windwasserstoff Salzgitter« sieben Windkraftanlagen mit einer Leistung von dreißig Megawatt in Betrieb genommen, und die Thyssen-

Krupp AG hat im Februar 2021 Wasserstoffversuche am »Hochofen 9« direkt am Standort in Duisburg durchgeführt. Habe ich vor einigen Jahren bei meinen Unternehmensbesuchen vor allem die Mitarbeiter*innen aus der Nachhaltigkeitsabteilung getroffen, wenn es um Klimaschutz ging, sind es heute die Innovationschefs und CEOs selbst, die ihre Nachhaltigkeitspläne präsentieren. Das ist nicht erstaunlich, denn sie wissen, die Märkte der Zukunft sind klimaneutral.

Flugverkehr

Am deutlichsten ist der Kurswechsel in der Luftfahrt. Als ich im Herbst 2020 zu Gast beim Triebwerksunternehmen MTU Aero Engines in Berlin-Ludwigsfelde war, einem Unternehmen, das Luftfahrtantriebe herstellt und wartet, traute ich meinen Ohren kaum. »In der Branche gehen wir davon aus«, so erklärte man mir, »dass man demnächst mit kleinen Maschinen und spätestens 2050 bei allen Flügen klimaneutral fliegen kann.«

Noch 2015, bei den Verhandlungen zum Klimavertrag von Paris, hatte es in der Luftverkehrsbranche geheißen: Der Flugverkehr könne nicht in die internationalen Klimaabkommen eingebunden werden. Berüchtigt ist die sogenannte »Stop the clock«-Entscheidung der EU, die Langstreckenflüge vom europäischen Emissionshandel ausgenommen hat. Ursprünglich sollten alle Flüge, die in der EU starten und landen, einbezogen werden. Vor allem die USA, China und

Russland drohten aber so heftig mit Boykott, dass die EU im Jahr 2012 einknickte und den Emissionshandel im Luftverkehr nur auf innereuropäische Flüge beschränkte, was europäische Fluggesellschaften gegenüber amerikanischen oder russischen Airlines benachteiligt.

Ein solches Vorgehen steht sinnbildlich für die bisherige Schwäche europäischer Klimapolitik. Es zeigt darüber hinaus, was passiert, wenn die Europäische Union kein Vertrauen in die Stärke ihres eigenen Binnenmarktes hat und sich stattdessen von anderen globalen Akteur*innen erpressen lässt. Als würden die Menschen aus den USA, Russland oder China aufhören, nach Europa zu fliegen, wenn ihre Airlines in eine Maßnahme zum Klimaschutz eingebunden wären.

Der Flugverkehr ist, wie auch der Automobilbereich, Ausdruck dessen, was passiert, wenn Politik im Modus des Status quo verharrt, statt im Notwendigen zu denken und dafür die Voraussetzungen zu schaffen. Dann hinken politische Regelungen der technologischen Entwicklung hinterher. Die Parole »Grüne Politik würgt Innovationen ab« war in gewissen konservativen Kreisen lange Zeit beliebt. Doch wir sehen jetzt, was passiert, wenn die Politik die notwendige Transformation der deutschen Wirtschaft hin zu Nachhaltigkeit, Klimaschutz und Digitalisierung zu lange vernachlässigt und sich bloß auf Leistungen vergangener Zeiten ausruht. Von den derzeit im DAX vertretenen Unternehmen sind lediglich vier in den letzten zwanzig Jahren gegründet worden. Bei den fünfhundert größten Familienunternehmen waren es sechs.

Automobilindustrie

Wandel, vor allem disruptiver, ist schmerzhaft. Er bedeutet Einschnitt. Aber wie heißt es frei nach Bob
Dylan: Ändern sich die Zeiten, dann fängt man besser an, zu schwimmen, wenn man nicht sinken will
wie ein Stein. Wenn wir nicht wollen, dass das Neue
zukünftig ausschließlich aus Fernost oder Kalifornien
kommt, weil wir volkswirtschaftlich mit dem Kopf
noch immer im letzten Jahrhundert feststecken und
primär in fossilen Verbrennungsmotoren und Maschinen denken, dann müssen wir die wirtschaftspoliti-
schen Weichen auf Zukunft stellen.

Die deutsche Automobilindustrie ist fraglos ein
Rückgrat der deutschen Wirtschaft. Sie sicherte Hunderttausende von guten Jobs in Deutschland und
riesige Exporterträge und damit unseren bisherigen
Wohlstand. Der fossile Verbrennungsmotor war ein
Meisterwerk der deutschen Ingenieurskunst. Doch
die Abwrackprämie nach der Finanzkrise, die Abgas-
skandale, der Einsatz der Bundesregierung in Brüssel
gegen schärfere Flottengrenzwerte und auch die Coro-
na-Mehrwertsteuersenkung (erneut ohne Innovations-
auflage) verfestigten den Status quo und blockierten
die notwendigen Veränderungsschritte.

Die meisten deutschen Automobilhersteller haben
das erkannt und arbeiten unter Hochdruck daran,
neue Meisterwerke folgen zu lassen, damit die Transformation der deutschen Automobilbranche gelingen
kann. Bis 2024 investiert VW 35 Milliarden Euro in die
E-Mobilität. Daimler will seine Neufahrzeuge bis 2039

gänzlich CO_2-neutral produzieren. BMW hat vor, in den kommenden vier Jahren dreißig Milliarden Euro in Forschung und Entwicklung zu investieren. Wie sehr die Zeit drängt, sehe ich in Grünheide, in meiner Heimat Brandenburg, wo der amerikanische Technologiekonzern Tesla seine Gigafactory mit 12 000 Arbeitsplätzen baut.

Die Impulse aus der amtierenden Bundesregierung beschränken sich darauf, den Unternehmen viel Glück auf der Reise zu wünschen, statt die notwendigen Leitplanken zu setzen. Längst ist China, und nun auch wieder die USA, auf dem Weg, sich die klimaneutralen Märkte der Zukunft zu erschließen. Gerade gegen das chinesische Modell, das auf starke staatliche Subventionen für vielversprechende technologische Neuerungen setzt, wird sich ein »technologieoffener« Ansatz (heißt: »Wir warten mal ab«) auf keinen Fall behaupten können. An dieser historischen Weggabelung braucht es jetzt eine Politik, die endlich verlässlich steuert. Nicht weil der Staat besser wirtschaften kann, sondern weil die Wirtschaft Planungssicherheit braucht.

Klimagerechten Wohlstand schaffen wir nur gemeinsam. Mit Politik und Wirtschaft, Kohlekumpeln und Windbauern, Greenpeace und IG Metall. Daher war ich in den vergangenen Jahren immer wieder bei zahlreichen Industriekonzernen, mittelständischen Unternehmen, Handwerksbetrieben, Stadtwerken und Energieversorgern, um zu verstehen, was die unterschiedlichen transformatorischen Hürden und Potenziale sind, um gemeinsam diese gesellschaftliche Kraftanstrengung stemmen zu können.

Um auch in Zukunft Wohlstand und Stabilität zu sichern, braucht die klimagerechte Erneuerung unserer Industrie einen Rahmen, bestehend aus verlässlicher Ordnungspolitik, Innovationsanreizen und marktwirtschaftlichen Instrumenten. Regulatorische Leitplanken geben den Unternehmen die notwendige langfristige Planungssicherheit für Investitionen. Im Zentrum stehen dabei Mindeststandards für Verfahren und Prozesse, definiert nach dem Stand der bestverfügbaren Technik, ergänzt um einen wirksamen CO_2-Preis, der Klimaschutzinvestitionen nicht erst in ein paar Jahren, sondern sofort rentabel macht. Damit die Unternehmen die Modernisierungen angehen können, ohne auf dem internationalen Markt schlechter gestellt zu sein, braucht es ergänzend Innovations-, Förder- und auch Schutzinstrumente. Dafür schlage ich einen Industriepakt für die Zukunft vor.

Ein Industriepakt für die Zukunft

Der Industriepakt garantiert Unternehmen, die sich der klimaneutralen Produktion verschreiben, die notwendige Planungssicherheit für den Umstieg, um so Produktionsstandorte in Deutschland zu sichern und ein sogenanntes *Carbon Leakage* zu verhindern. Denn gerade Unternehmen mit längeren Investitionszyklen brauchen die Gewissheit, in der Transformationsphase im internationalen Wettbewerb keine Nachteile zu erleiden, insbesondere wenn der CO_2-Preis in anderen Regionen der Welt nicht greift.

Im Zentrum dieses Paktes stehen daher Klimaverträge (*Carbon Contracts for Differences*), die mit den Unternehmen abgeschlossen werden. Über diese Klimaverträge wird die Differenz zwischen dem aktuellen CO_2-Preis und den tatsächlichen CO_2-Vermeidungskosten erstattet, welche den Unternehmen durch die Investitionen in neue Verfahren und Technologien entstehen. Um einen Wettbewerb um die besten Lösungen in Gang zu bringen, werden die besten Projekte in einem Ausschreibungsverfahren ermittelt.

Die Klimaverträge können dann über einen Klimabeitrag refinanziert werden, der auf die entsprechenden Produkte der Branche aufgeschlagen wird und für heimische Produkte und Importe gleichermaßen gilt. Innovations- und Investitionsförderprogramme für Leuchtturmprojekte ergänzen die Klimaverträge, insbesondere dort, wo die Entwicklung alternativer Verfahren und Techniken ganz am Anfang steht. In dieser Kombination rechnen sich Investitionen in CO_2-freie Technologien umgehend.

Sollte der europäische CO_2-Preis über die vertraglich festgelegten Vermeidungskosten steigen, muss das Unternehmen die Differenz an den Staat zurückzahlen. Eine Überförderung ist somit sehr unwahrscheinlich. Bei einer ambitionierten EU-Klimapolitik, die eine Steigerung des CO_2-Preises nach sich ziehen würde, und hinreichend langer Vertragsdauer könnten dem Staat als geduldigem Investor über diesen

Rückzahlungsmechanismus sogar zusätzliche Mittel zufließen. Die Unternehmen profitieren ihrerseits von einer vertraglichen Preisgarantie und den damit verbundenen Zuschüssen, mit denen sie die ökologische Modernisierung ihrer Produktion schon heute vorantreiben können.

Doch nicht alle Unternehmen werden sofort umstellen können. Das trifft vornehmlich auf Branchen und Verfahren zu, die technologisch heute noch nahezu ausschließlich auf fossiler Basis arbeiten und entsprechend viel CO_2 ausstoßen. Dazu zählen die bereits angesprochene Stahlindustrie, die Glashersteller und die Keramikindustrie. So kann ein schwieriges konjunkturelles Umfeld, verbunden mit ungleichen Voraussetzungen im internationalen Wettbewerb, Investitionen in neue Verfahren und Prozesse verzögern oder sogar verhindern. Dagegen hilft ein Grenzausgleich für entstandene CO_2-Kosten. Bei der Einfuhr nach Europa würden dann CO_2-intensive Produkte aus Regionen ohne vergleichbares Klimaschutzregime mit einem dem europäischen Emissionshandel entsprechenden Beitrag belegt oder bei Exporten nach außerhalb gegebenenfalls auch erstattet. So wird für einen fairen Ausgleich im internationalen Handel gesorgt.

Investitionen in CO_2-freie Produkte lohnen sich immer dann, wenn dafür Zukunftsmärkte entstehen. Ergänzend sollten daher Quoten für den Anteil CO_2-neutraler Grundstoffe festgesetzt werden, die ein Produkt enthalten muss – wie beispielsweise die zuvor schon erwähnte Quote für CO_2-frei erzeugten Stahl in Pkw. Solche Quoten können – wieder im Sinne des *Race to the Top* – dann kontinuierlich bis hundert Prozent ansteigen und die Umstellung von Branchen und Verfahren unterstützen. So sind sie auch für Importeure außerhalb der EU ein Anreiz, wenn sie auf dem EU-Markt erfolgreich sein wollen. Der Bund sollte als Vorbild vorangehen, indem wir etwa festlegen, dass neue öffentliche Gebäude ganz oder zumindest in Teilen aus klimaneutralen Baustoffen bestehen müssen. Auf diese Weise sammeln wir Erfahrung mit der Zertifizierung CO_2-armer Produkte.

Diese Innovationsförderung bedarf zunächst hoher öffentlicher Investitionen. Daher ist ein wesentlicher Teil des Paktes, dass dieses Geld, wie gerade skizziert, zurückfließt. Der Industriepakt ist eingebettet in die sozial-ökologische Marktwirtschaft und setzt nicht auf Verstaatlichung. Das heißt, die Branchen und Unternehmen werden Gewinne machen, aus denen die vorgeschossenen staatlichen Zukunftsinvestitionen an die öffentliche Hand zurückgezahlt werden.

Plan und Pfad

Während einige Unternehmen, die gerade schon umstellen, nach einem besonders hohen CO_2-Preis rufen, warnen andere vor zu hohen Steuerbelastungen. War die Stahlbranche vor einigen Jahren noch erbitterter Gegner des Emissionshandels, so scheint sie nun dessen größter Fan zu sein. Auch den Wunsch nach Quoten für klimaneutralen Stahl hört man nun öfter. Wohingegen die deutsche Automobilindustrie genau diese (bis dato jedenfalls) kategorisch ablehnt, weil sie bisher dem Stahl (zu Dumpingpreisen) aus China alles andere als abgeneigt war.

Die Wirtschaft gibt es ebenso wenig wie *die* Politik. Um auf den gemeinsamen Klimapfad zu gelangen, gilt es daher, die unterschiedlichen (und zum Teil widersprüchlichen) Strategien, die die einzelnen Branchen und Industrieverbände – vom Verband der Chemischen Industrie (VCI) über den Bundesverband der Erneuerbaren Energien (BEE) bis hin zum Bundesverband der Deutschen Industrie (BDI) – entwickelt haben, zusammenzudenken. Dass sie hier vorgelegt haben, ist die gute Nachricht. Die schlechte Nachricht lautet: Kumuliert wird es unbezahlbar, und der Stromverbrauch explodiert. Allein die Chemiebranche veranschlagt für sechs Produkte hin zur Klimaneutralität einen Finanzbedarf in Höhe von 45 Milliarden Euro bis 2050, außerdem einen Strombedarf von 628 Terawattstunden (TWh) (aktuell sind es 54 TWh jährlich). Die Stahlindustrie prognostiziert dreißig Milliarden Euro und 130 TWh zusätzlich. Zum Vergleich: 2020 hat Deutschland insgesamt 544 TWh verbraucht.

Eine klare Prioritätensetzung auf dem Pfad zur Klimaneutralität ist daher mehr als überfällig. Wir brauchen jetzt als Allerdringlichstes einen massiven Ausbau der erneuerbaren Energien, auch um daraus grünen Wasserstoff herzustellen. Grüner Wasserstoff bleibt dennoch auf absehbare Zeit ein extrem knappes und teures Gut. Zum einen, weil erneuerbarer Strom ja vor allem für die Stromversorgung und zunehmend auch für die Elektromobilität benötigt wird. Zum anderen, weil der Wirkungsgrad von Wasserstoff heutzutage noch recht gering ist. Sprich, ein Großteil der Energie geht bei der Umwandlung von Strom zu Wasserstoff und dann wieder zu Strom verloren. Der Wirkungsgrad wird sich in den kommenden Jahren weiter erhöhen, doch solange Knappheit an grünem Strom herrscht, ist es am effizientesten, Wasserstoff nur dort einzusetzen, wo keine alternativen Technologien zur Treibhausgasminderung zur Verfügung stehen. Dies betrifft insbesondere Industrieprozesse wie die der Grundstoffindustrie und Teile des Verkehrssektors wie die Flug- und Schiffsindustrie. Im Pkw-Verkehr hingegen ist die direkte Elektrifizierung durch E-Autos nach dem heutigen Stand der Technik der weitaus sparsamere, günstigere und damit auch klimafreundlichere Weg, weswegen auch so gut wie alle Hersteller diesen mittlerweile eingeschlagen haben.

Ein klarer industriepolitischer Klimaneutralitätsplan kann nicht statisch sein, weil sich Technologien permanent weiterentwickeln. Das setzt mit Blick auf die Nationale Wasserstoffstrategie aber voraus, dass die Mittel dafür zuallererst vernünftig gebündelt werden. Es liegt viel Geld auf dem Tisch, Geld, das durch die Nationale Wasserstoffstrategie und auch durch das EU-Recovery-Paket für Klimaschutz und Digitalisierung zur Verfügung steht. Eine einheitliche Förderstrategie und ein kohärentes Umsetzungskonzept existieren derzeit nicht. Statt die Mittel in einer Hand zu bündeln, sind sie momentan allerdings in den Töpfen verschiedener Ministerien geparkt. Den Löwenanteil hat sich das Bundeswirtschaftsministerium gesichert, daneben haben aber auch das Bundesverkehrsministerium, das Bundesumweltministerium und das Forschungsministerium Gelder erhalten. Damit kommt es unter dem Deckmantel der ideologischen Phrase »Technologieoffenheit« faktisch zu einer Kannibalisierung unterschiedlicher technologischer Optionen, die am Ende zulasten des Klimaschutzes, der Umwelt und der Volkswirtschaft (kostspielige Fehlallokation von Mitteln) gehen. Ich will an diesem konkreten Beispiel verdeutlichen, wie nachteilig sich das klima- und industriepolitisch unkoordinierte Vorgehen der Bundesregierung auf die Wettbewerbsfähigkeit Deutschlands in einem solch zentralen Zukunftsfeld auswirkt. Transformationsprozesse brauchen politisches Leadership und eine ressortübergreifende Verankerung in einer Regierung. Gerade bei den Zukunftsthemen sollte die Richtlinienkompetenz aus dem Kanzler*innenamt zukünftig viel stärker genutzt werden.

Auch das Erneuerbare-Energien-Gesetz (EEG), das in seiner ersten Fassung 2000 von der rot-grünen Bundesregierung beschlossen wurde, hatte zunächst eine Technologierevolution bei Windkraft-, Solar- und Bioenergie ausgelöst. Mittlerweile haben über achtzig Staaten weltweit dieses Erfolgsmodell kopiert. Was passiert, wenn Zukunftstechnologien wirtschaftspolitisch ausgeblendet oder gar ausgebremst werden, zeigte sich allerdings bei den Folgeregierungen. Trotz boomender Nachfrage hierzulande ist vor allem die deutsche Solarindustrie nur noch ein Schatten ihrer selbst. Von den einst über 130 000 Arbeitsplätzen gibt es heute nur noch knapp 30 000 im Land. Auch die

Windkraft hat durch die politische Deckelung des Ausbaus einen herben Schlag erlitten. Wir brauchen daher dringend eine Ausbauoffensive sowie ein Energiemarktdesign, das Ökostrom in den Mittelpunkt rückt und zugleich die Sektorenkopplung, also die Vernetzung der Bereiche Strom, Wärme, Verkehr und Industrie, unterstützt. Langfristige Lieferverträge zwischen Ökostromerzeugern und Verbraucher*innen sind hier genauso eine Möglichkeit, wie den Ökostrommarkt für neue EEG-Anlagen zu öffnen, sodass Endkund*innen deren Strom direkt kaufen können.

Doch kein Windrad und keine Solaranlage nutzen etwas, wenn die dazugehörige Infrastruktur fehlt. Das ist vor allem für die Elektromobilität ein großes Problem. Egal mit wem man über E-Autos redet, spätestens im dritten Satz geht es ums Laden. Es gibt hier nach wie vor ein Wirrwarr seitens der Betreiber, Apps und Ladekarten sind nicht kompatibel, und auch die Preistransparenz ist mangelhaft. Noch immer entstehen Ladesäulen einseitig an viel befahrenen und damit wirtschaftlich attraktiven Hotspots, während in kleinen Städten und Gemeinden Leerstellen klaffen.

Dabei könnte es so einfach sein. So wie es festgeschrieben ist, dass Postbriefkästen in bebauten Gebieten in der Regel im Umkreis von einem Kilometer erreichbar sein müssen, braucht es auch bei der Ladesäulen-Infrastruktur ein Mobilitätsnetz als Teil der öffentlichen Daseinsvorsorge. Der Staat kann dies schnell durch eine Extraprämie über die bestehende Förderrichtlinie Ladeinfrastruktur einführen. Baden-Württemberg zeigt die Richtung, in die es gehen muss. Dort findet man alle zehn Kilometer eine öffentliche Ladesäule, spätestens alle zwanzig Kilometer eine Schnellladesäule.

In Städten wiederum sind die Herausforderungen anders: An den Stellplätzen in der Nähe von Mehrfamilienhäusern, in den Tiefgaragen von Büros und in Parkhäusern, aber auch an Tankstellen sind vorhandene Ladesäulen noch längst kein Garant für einen vollen Akku. Denn zu oft sind sie blockiert und die Anmelde- und Bezahlvorgänge zu kompliziert. All das führt zu Frust und Ärger. Wir brauchen also nicht nur mehr, sondern vor allem bessere Ladesäulen.

Übrigens: Auch über Ländergrenzen hinweg kann E-Mobilität alltagstauglich werden. So wie die Vereinheitlichung von Steckern für Elektrogeräte in der EU schließlich zum Ende des nervigen Adapters führte.

Ich bin mir bewusst, dass das alles erhebliche finanzielle und organisatorische Anstrengungen erfordert. Aber genau deshalb müssen hier öffentliche Hand und private Investoren eng kooperieren. Der Europäische Recovery Fund kann da nur ein Anfang sein. Ich schlage daher vor, fünfzig Milliarden Euro jährlich zusätzlich für erneuerbare Energien, Digitalisierung, Forschung und Entwicklung sowie bessere Infrastruktur zu investieren. Darauf werde ich im Kapitel »Erneuerung braucht Halt« genauer eingehen.

Dennoch muss uns an dieser Stelle auch bewusst sein, dass wir nicht alle Produktionsweisen der Vergangenheit so weiterführen können – nur eben durch grünen Strom betrieben. Denn dafür wird selbst der Sonnenstrom aus der afrikanischen Wüste nicht ausreichen. Wir sollten daher darüber diskutieren, welche Produkte durch neue, klimafreundlichere ersetzt werden können.

Das Innovationspotenzial ist riesig, es wird nur leider zu oft durch falsche Anreize blockiert. So sorgte Lobbydruck dafür, dass es in der unter Rot-Grün 1999 eingeführten Ökosteuer keine Besteuerung der stofflichen Nutzung von Rohbenzin (Naphta) gab, das das häufig genutzte Ausgangsprodukt zur Kunststoffherstellung ist. Das führt dazu, dass Plastik trotz seiner verheerenden Ökobilanz bei uns extrem billig und der Einsatz nachhaltiger Rohstoffe nicht wettbewerbsfähig ist. Ein Teilresultat sind Millionen Tonnen an Plastik in unseren Weltmeeren.

Ein anderes Beispiel ist Zement. Ein möglicher Alternativstoff wäre Celitement. Die Herstellung erfolgt in einem zweistufigen Verfahren, bei maximal 200 Grad Celsius. Der Kalk- und Energiebedarf ist deshalb verglichen mit der Herstellung von Portlandzement deutlich geringer. Der CO_2-Ausstoß ließe sich so um bis zu fünfzig Prozent senken. Da aber die klassische Zementherstellung indirekt subventioniert wird, ist auch Celitement derzeit kaum wettbewerbsfähig.

Ein Joghurtbecher wiederum besteht aus bis zu 600 Chemikalien, die ihn billig und leicht machen, aber schwieriger recyceln lassen. Mit einer klaren europäischen Vorgabe, alle Verpackungen künftig aus einer begrenzten Zahl von reinen Kunststoffen wie beispielsweise Nylon 6 oder PET herzustellen, könnten Joghurtbecher im Sinne einer echten Kreislaufwirtschaft komplett recycelt werden.

Ein weiteres Beispiel ist Aluminium, eigentlich ein Material, das sich besonders leicht einschmelzen und dadurch immer wieder recyceln lässt. Doch obwohl für die Wiederverwertung von Aluminium lediglich fünf Prozent der Energiemenge nötig sind, die für seine Gewinnung gebraucht werden, ist die Recyclingquote längst nicht so hoch, wie sie sein könnte. Denn die Energiepreise sind momentan derart niedrig, dass produziertes Aluminium billiger ist.

Deshalb ist das intelligente Zusammenspiel von Preispolitik und Ordnungspolitik so wichtig. Im Fall des Aluminiums wäre eine gesetzliche Recyclingquote viel einfacher durchsetzbar als ein höherer Strompreis durch CO_2-Bepreisung mit seinen zahlreichen Kollateralfolgen. Würde man eine solche Quote über alle Produkte und Zyklen konsequent durchziehen, könnten die europäischen Unternehmen laut Studien bis zu 600 Milliarden Euro im Jahr an Rohstoffkosten einsparen.

Gebote und Verbote

Ich habe in den letzten Jahren immer wieder erlebt, wie sehr es zwischen meiner Partei und Unternehmen zu Missverständnissen über die zuvor beschriebenen Recyclingquoten oder andere ordnungspolitische Instrumente gekommen ist. Daher hier ein kleiner Exkurs zur Ordnungspolitik. Ein gemeinsames Verständnis auf Standards und Leitlinien sichert gleiche Wettbewerbsbedingungen für alle und stärkt Innovationen. Faire Wettbewerbsregeln sind vor allem für den Mittelstand, das Herzstück der deutschen Wirtschaft, zentral, um auf dem Markt eine wirkliche Chance zu haben. Eine aktive Wettbewerbspolitik wird zudem für den europäischen Binnenmarkt immer wichtiger, gerade auch als Schutz vor Akteuren aus Drittstaaten mit unfairen Wettbewerbspraktiken.

Gebote und Verbote regeln unser Zusammenleben, ob in der Familie, beim Sport oder in der Gesellschaft. Oft holen sie etwas nach, was eigentlich selbstverständlich sein sollte, durch fehlende Spielregeln aber offenbar nicht ist. So geschehen etwa beim Verbot krebserregender Stoffe in Kinderspielzeugen und der Chemikalienverordnung REACH. Natürlich wollte die EU-Verordnung, die 2007 in Kraft getreten ist und gegen die die Chemieverbände damals europaweit Sturm gelaufen sind, keinem Kind seine Quietscheente oder den Schnorchel wegnehmen, sondern nur dafür sorgen, dass Dinge, auf denen Kinder herumbeißen, nicht gesundheitsschädlich sind. Heute ist es für viele Eltern sehr befreiend, nicht vor jedem Kauf das Kleingedruckte lesen zu müssen.

Ge- und Verbote können Gesundheitsschutz, Sicherheits- und Freiheitsgewinn bedeuten. Und neue Märkte schaffen. In meiner Kindheit war die größte Umweltsorge das Ozonloch. Vor allem in Australien und Neuseeland machten sich die Folgen schon drastisch bemerkbar, das Hautkrebsrisiko war wegen des Wegfalls der Ozonschicht, dieser natürlichen Schutzbarriere gegen UV-Strahlen, enorm angestiegen. Auch bei uns wurde davor gewarnt, sich der Sommersonne auszusetzen. Damals schlugen die Grünen vor, die Stoffe zu verbieten, die die Ozonschicht zerstören – speziell die Fluorchlorkohlenwasserstoffe, wie sie als Treibgase in Sprays und als Kältemittel in Haushaltsgeräten gang und gäbe waren. Prompt beschworen Teile von Wirtschaft und Politik das Ende des Kühlschranks und des Speiseeises herauf. Zum Glück wurde 1987 trotzdem das Montrealer Protokoll verabschiedet, mit dem sich 197 Staaten zum Schutz der Ozonschicht verpflichteten. Und siehe da, deutsche Hersteller von Haushaltsgeräten entpuppten sich als Vorreiter bei der Entwicklung der FCKW-freien Kühlschränke, die dann binnen weniger Jahre weltweit zum Standard wurden. Ähnliches würde das Verbot einer Neuzulassung fossiler Verbrennungsmotoren bedeuten: Wir könnten unsere Abhängigkeit von Benzin und Diesel überwinden, den Umstieg auf saubere Autos schaffen – und den gebrauchten Golf trotzdem noch ein paar Jahre fahren.

Vorausschauende Politik, die gerade für Unternehmen so wichtig ist, die Investitionsentscheidungen über Jahrzehnte treffen müssen, heißt für mich: dass wir uns frei von Ideologien immer wieder fragen, was können wir besser machen, was können wir von anderen lernen und wie können wir uns auf vernünftige Regeln des Produzierens und Konsumierens verständigen. Jede Regel hat genau diese beiden Effekte: Sie ist nie nur ein Verbot, sondern sie ist immer auch eine Entscheidung für etwas Neues, das besser ist als das Bestehende.

Wenn wir also über die Sicherung der Arbeitsplätze im Rahmen der ökologischen Transformation der

Wirtschaft sprechen, dann sollten wir uns fragen: Warum schaffen es Autokonzerne wie Volvo aus Schweden oder Ford aus den USA, dass in ihren Unternehmen ab 2030 keine Verbrenner mehr vom Band laufen? Oder was können wir von den 17 Regierungen weltweit lernen, die bereits Mehrheiten für das Ende des fossilen Verbrennungsmotors bei Pkw gefunden haben – darunter Norwegen, Schweden, Dänemark, die Niederlande, Irland oder Slowenien?

Mehr Offenheit

In der absoluten Kürze der Zeit, die uns für den Wettbewerb um die besten Lösungen und Technologien bleibt, ist eine neue Offenheit zwischen Wirtschaft und Politik nötig. Das heißt: Schluss mit dem intransparenten »eine Hand wäscht die andere«, aber auch Schluss mit dem Aufbau künstlicher Feindbilder. Selbst führende Industrievertreter*innen sagen hinter vorgehaltener Hand, dass das Bundeswirtschaftsministerium in Teilen zum verlängerten Arm mächtiger Lobbyinteressen geworden ist – und kein Haus mehr, in dem die Regeln für eine faire, innovative und nachhaltige Marktwirtschaft geschrieben werden. Diese intransparente Verflechtung zwischen Politik, Verwaltung und Wirtschaft behindert den ökonomischen Fortschritt, vom ökologischen ganz zu schweigen. Nicht ohne Grund fordern zahlreiche Unternehmen selbst ein transparenteres Lobbyregister mit legislativem Fußabdruck.

Auch bei meiner Partei hat sich im Verhältnis zur Wirtschaft und Industrie einiges geändert und ändern müssen. Zu lange haben wir die Auffassung vertreten: Wir sind für die klare Kante zuständig, die Umsetzung müssen andere machen. Zu groß war das Misstrauen gegenüber manchen Branchen. Vieles in der Vergangenheit schien diese Haltung zu bestätigen: der Kampf um die Chemikalienrichtlinie REACH, die massiven Widerstände gegen einen wirksamen europäischen Emissionshandel, die gefälschten Berichte an AKW-Standorten oder Wirtschaftsberichte mit vielen offenen Fragen beim Verkauf von Kohlekraftwerken.

Das hat dazu geführt, dass wir es uns selbst ziemlich einfach machten. Die Parole von den »dreckigen Kohlekonzernen« kam auf jedem Parteitag gut an, bei den Beschäftigten in der Lausitz allerdings weniger. Eine offene Debatte darüber, wie man Energiekonzerne umbauen kann, war daher lange nicht möglich. Ich weiß noch, wie ich als Grüne Landesvorsitzende von Brandenburg fast ein bisschen stolz war, als mich der Vorsitzende der Industriegewerkschaft Bergbau, Chemie und Energie Michael Vassiliadis auf einer Demo vor Hunderten Kohlekumpeln in Cottbus anging. Bis meine Cousine, die damals Jugendsekretärin bei der IG BCE war, meinte: »Gott sei Dank haben wir beide nicht den gleichen Nachnamen.«

Solche Spiegelungen tun gut. Und in den letzten fünf Jahren war ich mit wohl keinem Gewerkschaftsvertreter so intensiv im Austausch wie mit Michael Vassiliadis, um gemeinsam Lösungen für einen klimagerechten Kohleausstieg zu finden. Dennoch streiten wir nach wie vor gut und gerne miteinander.

Zu einer kooperativen Wirtschaftspolitik gehört auch ein neues wirtschaftsethisches Verständnis. Kein Manager und kein Unternehmen kann etwas dafür, dass wir infolge der Pandemie mitten in einer schweren Krise stecken. Doch gerade diejenigen, die sich keinerlei finanzielle Sorgen machen müssen – im Unterschied zu Millionen von Arbeitnehmer*innen und Selbstständigen –, sollten ihren Beitrag für den sozialen Frieden in ihren Unternehmen und in der Gesellschaft leisten. Erst recht, wenn es sich um Unternehmen mit staatlicher Beteiligung handelt oder das Unternehmen mit öffentlichen Geldern gerettet wurde. Während Autobauer 2020 noch für Abwrackprämien lobbyierten und die Mehrwertsteuersenkung ebenso wie das Kurzarbeitergeld dankend mitnahmen, schütteten sie nur wenige Monate später fünfzig Prozent mehr an Dividende an ihre Anteilseigner*innen aus als im Vorjahr. Wenn ich zugleich höre, man könne nicht so schnell aus dem fossilen Verbrennungsmotor aussteigen, weil man für die Produktion der neuen Autos nicht ausreichend finanziellen Spielraum habe, frage ich mich: Wie sollen wir auf so einer Grundlage vernünftig über einen gemeinsamen Transformationsweg sprechen?

Klar, man kann nicht von heute auf morgen Produktionsstätten umbauen, weil wir sonst Arbeitsplätze und Wertschöpfungsketten verlieren. Ich weiß, wie schwer sich einige, gerade kleinere Unternehmen und Zulieferer mit der ökologischen Transformation und der Implementierung digitaler Prozesse zur Produktivitätssteigerung tun. Aber was nicht sein kann, ist, dass wir erneut in das wirtschaftspolitische Gescharre der Vergangenheit eintreten.

Allein für eine weitgehende CO_2-freie Industrieproduktion wird bis zum Jahr 2050 mit zusätzlich notwendigen Investitionen von bis zu 230 Milliarden Euro gerechnet. Auch die energetische Gebäudesanierung und die Energieeffizienz werden jährlich mehrere Milliarden kosten und ebenfalls mit finanziellen Anreizen unterstützt werden müssen. Einen Teil dieser Gelder kann die öffentliche Hand nur stemmen, wenn alle offen und ehrlich an einem Strang ziehen.

Lehren aus der Lausitz

Der Weg in die Klimaneutralität wird die verschiedenen Branchen in unterschiedlicher Weise fordern. Es wird Bereiche geben, in denen allein die Förderung von Innovationen und Investitionen die notwendigen Impulse geben wird. In anderen Bereichen wird die Schaffung von Leitmärkten oder von Investitionssicherheit in Form von Klimaschutzverträgen für die notwendige Dynamik sorgen. Für alle aber gilt: Zu einem erfolgreichen Industriepakt muss selbstverständlich ein Sicherheitsversprechen für die Beschäftigten gehören, deren Jobprofile sich grundsätzlich ändern werden. Wer Mechaniker*in am Verbrennungsmotor gelernt hat, darf nicht im Stich gelassen werden, wenn die Umstellung auf Elektromobilität ansteht. Dieser Weg wird kein einfacher sein, denn das Schwierige am Neuen ist ja, dass man nicht genau weiß, was kommt, aber sehr genau weiß, was man hat. Also weiß man auch, was man verlieren könnte. Man kennt seinen Arbeitsplatz von heute, aber nicht seinen Arbeitsplatz in einer klimaneutralen Zukunft. Man weiß, wie man heute wohnt, wie man unterwegs ist und wie man einkauft, aber nicht, wie es morgen sein wird.

Zukunftsfähige Wirtschaftspolitik ist daher auch Gesellschaftspolitik, die den Wandel aktiv gestaltet und ihn nicht so lange aufschiebt, bis ganze Gewerbe den Bach hinuntergehen. So geschah es mit der deutschen Textilindustrie – und zwar gleich zweimal, erst in den 1970er-Jahren im Westen und dann in den 1990ern noch einmal im Osten. Und so widerfuhr es im Jahr 2012 fast 25 000 Verkäufer*innen. Über Nacht verloren sie wegen der Pleite ihrer Drogeriemarktkette ihren Job. Die alleinerziehende Mutter mit ihren drei Kindern oder der Familienvater, der seinen Kredit für das Haus auf einmal nicht mehr abzahlen konnte, stand von heute auf morgen auf der Straße. Während klassische Industriearbeitsplätze etwa in der Autoindustrie in Deutschland seit Jahrzehnten eine recht starke Lobby haben, fühlte sich in Regierung und Gewerkschaften kaum jemand berufen, für die Textilarbeiter*innen oder eben die Schlecker-Kassierer*innen staatliche Rettungsgelder zu fordern. Bei der Elektroindustrie war der Niedergang schleichend. Man hatte die Zukunft der Mikroelektronik nicht erkannt.

Wir dürfen diese Fehler bei der ökologischen Transformation nicht wiederholen. Wir müssen dafür sorgen, dass – wie heute schon bei einigen Industriearbeiter*innen – die Beschäftigten für die Erweiterung ihrer beruflichen Möglichkeiten freigestellt werden und dass die Weiterqualifizierung für jede und jeden als fester Bestandteil gesellschaftlicher Veränderung anerkannt ist. Denn wir werden den Pfad der ökologischen Transformation nur gemeinsam mit den Beschäftigten gehen können. Das habe ich in der jahrelangen Auseinandersetzung um den Kohleausstieg gelernt. Auch wenn ich vor mehr als 15 Jahren eigentlich über europäische und internationale Themen in die Politik gekommen bin, so haben mich die Energiepolitik und vor allem der Kohleausstieg mit all seinen Emotionen und Widersprüchen am deutlichsten geprägt. Hier habe ich am meisten über gesellschaftliche Umbrüche und eigene Fehler gelernt.

In Brandenburg hat meine politische Arbeit im Jahr 2005 begonnen. Damals hatten die Brandenburger Grünen gerade mal 632 Mitglieder und waren seit über zehn Jahren nicht mehr im Landtag vertreten. Als außerparlamentarische Opposition war eines unserer zentralen Themen die Braunkohleförderung. In der Lausitz waren und sind mehrere Braunkohle-Großkraftwerke und Tagebauwerke in Betrieb. Sie reißen seit Jahrzehnten riesengroße Wunden ins Land und geben zugleich Tausenden Menschen Arbeit, schaffen in einer strukturschwachen Region Wohlstand und prägen die Identität. Die Frage, wie lange das so weitergehen kann, führte zu Spaltungen in den Dörfern und bis hinein in viele Familien. Zwischen denen, die in der Kohleindustrie arbeiteten, und denen, deren Haus und Hof abgebaggert wurden. In den 1990er-Jahren verschwanden

136 Orte ganz oder teilweise. Mehr als 25 000 Menschen wurden umgesiedelt, darunter viele Einwohner*innen sorbisch/wendischer Herkunft, die bekanntlich eine der letzten ethnischen Minderheiten in Deutschland sind. Die slawische Volksgruppe siedelt seit Jahrhunderten in der Lausitz, hat ihre eigene Sprache und Traditionen, viele Dörfer trugen ihre kulturellen Spuren.

1992 hatte der damalige brandenburgische Ministerpräsident Manfred Stolpe versprochen, das Dorf Horno werde das letzte sein, das der Kohle weichen müsse. In der Folge hatte sich dennoch die Brandenburger Landesregierung weiterhin aktiv im Sinne der Bergbauunternehmen für die geplante Inanspruchnahme von weiteren Dörfern stark gemacht. Mit der 2007 durchgeführten Abbaggerung des Dorfes und der Teichlandschaft Lakoma wurde zudem erstmals ein europarechtlich streng geschütztes Naturschutzgebiet unwiederbringlich zerstört.

Symbolisch für den Widerstand seitdem standen vor allem die drei Lausitz-Dörfchen Kerkwitz, Atterwasch und Grabko an der deutsch-polnischen Grenze nordöstlich von Cottbus. Seit 2007 lud dort Pfarrer Mathias Berndt in den Pfarrgarten Atterwasch. In jenem Jahr hatte Berndt einen Brief vom Bergbauunternehmen bekommen, in dem ihm mitgeteilt wurde, dass 900 Bewohner*innen umgesiedelt werden sollten und ihre drei Dörfer für immer in einem Tagebauloch verschwinden würden. Absender des Schreibens war der damalige Eigentümer des Kraftwerks und Braunkohletagebaus Jänschwalde, der schwedische Energiekonzern Vattenfall. Unterzeichnet war er mit dem alten Bergmannsgruß »Glückauf«. Um die Menschen aus den Dörfern und den Widerstand gegen den Tagebau zusammenzubringen, veranstaltete Pfarrer Berndt am Reformationstag mit verschiedenen Verbänden das Dorffest für Heimat und Zukunft in der über 700 Jahre alten Atterwascher Kirche. Das Fest diente als Zeichen des Protestes.

Wie so viele junge Menschen bewegte mich damals die Frage, wie lange wir noch den klimaschädlichsten aller Energieträger verfeuern wollen. Aber was mich noch mehr umtrieb, waren die vom Bagger bedrohten jahrhundertealten Dörfer, die mich doch so sehr an meine eigene Kindheit auf dem Land erinnerten.

In Schulenburg an der Leine, 25 Kilometer südlich von Hannover, bin ich aufgewachsen. Plattes Land, der Marienberg mit hübschem Schloss direkt vor der Nase, viele Felder, vor allem Zuckerrüben. Der süßliche Geruch der Rüben aus der benachbarten Zuckerfabrik liegt im Herbst über der ganzen Gegend und ist das, woran ich als Erstes denke, wenn es um Heimat geht.

Wir zogen von Nürnberg nach Schulenburg, als ich knapp fünf Jahre alt war. Zusammen mit der Familie meiner Tante hatten meine Eltern das stark renovierungsbedürftige Haus des ehemaligen Mühlenbesitzers gekauft, das sie dann in jahrelanger Arbeit gemeinsam sanierten. Die Grundmauern stammen aus dem Jahr 1578, das Haus war aber in den Jahrhunderten danach immer wieder umgebaut und erweitert worden.

Auf dieser Baustelle mit vier Hektar verwildertem Garten wurde ich mit meinen beiden jüngeren

Schwestern und mit meinen Cousinen groß. Nachdem das mit der Gemeinschaftsküche nicht so gut geklappt hatte, bewohnte jede Familie ihren separaten Teil des Hauses, aber es gab ein ständiges Miteinander. Ich durfte aufwachsen in einer Großfamilie, die sich umeinander sorgt, und habe dabei gelernt, was wichtig ist – Zuneigung, Vertrauen und der Wunsch, die Dinge gut zu machen.

Ein bisschen Bullerbü auf Norddeutsch. Es war nicht immer einfach, aber auch nicht kompliziert. Wir hielten Hühner in dem riesigen Garten. Eines unserer Lieblingsspiele war: Wir müssen in der Wildnis überwintern und uns von rohen Eiern und kalter Brennnesselsuppe ernähren. Überhaupt die Winter. Wir spielten Eishockey auf dem Dorfteich, bei Blitzeis liefen wir Schlittschuh auf den Straßen. Weil im Haus und Hof immer reichlich zu tun war, lernten wir fünf Mädels nicht nur, wie man vernünftig bohrt und hämmert, sondern auch, wie man aus Altem Neues schafft. Zugleich schärfte meine Mutter mir genervt von den Jahren des Baustaubs ein: »Wenn du groß bist, kauf dir bloß kein altes Haus.« Tatsächlich wohne ich mit meiner Familie in einer Wohnung zur Miete. Aber die Sehnsucht nach Dorf und die Bindung an mein Kindheitshaus stecken tief in mir drin, weswegen mein Einsatz für den Kohleausstieg auch immer ein Kampf für die Dörfer der Lausitz war.

Gerettet wurden die Lausitz-Dörfer nach Jahren des erbitterten Widerstands aus der Bevölkerung schließlich 2017 durch die Absage des Tagebaubetreibers. Die neuen Pläne entstanden im Lichte der Kohleausstiegsverhandlungen bei den Jamaika-Sondierungen, in denen es zwar nicht gelang, eine Regierung mit Union und FDP zu bilden, aber immerhin das Thema Kohleausstieg wochenlang in die Abendnachrichten zu bringen und als Kompromiss die magische Zahl von sieben Gigawatt zu setzen. Das entsprach einer Abschaltung von ungefähr zwölf Kohleblöcken, je nachdem, wie viel Leistung sie haben.

Als Mitglied im Sondierungsteam verhandelte ich damals ebendiesen Kohleausstieg mit. Je länger wir verhandelten, desto klarer wurde mir: Ein Kompromiss – also wirklich Kraftwerke vom Netz zu nehmen, selbst wenn es angesichts unserer 8,9 Prozent deutlich weniger würden, als wir wollten – kann zum *Game Changer* der Energiepolitik werden. Weil damit der erste Schritt zum Ausstieg gemacht wäre und es kein Zurück mehr geben kann. Die Monate davor hatten gezeigt, dass wir mit Protesten allein nicht weiterkommen würden und die Konfrontation zwischen Gewerkschaften und Klimaschützer*innen immer brenzliger wurde.

Die Kohlekonzerne waren sehr erfolgreich darin, zu suggerieren, dass mit dem Kohleausstieg sofort 20 000 Beschäftigte auf der Straße stünden. Die CDU, aber vor allem auch die SPD, warfen uns eine »Blutgrätsche gegen die Kohle« und das »Ausbluten ganzer Landstriche« vor. Rückblickend muss ich sagen, dass sicher auch unsere zugespitzte Botschaft »Kohle stoppen« eine Steilvorlage dafür lieferte. Ein ums andere Mal knallten mir erboste Kohlekumpel um die Ohren: »Wenn ich höre, die dreckige Kohle muss weg, was soll das anderes sein, als dass ihr mir meine Arbeit, meine Familie, mein Leben nehmen wollt.« Je mehr Gespräche ich führte, desto deutlicher wurde mir: Bei aller Wut auf die tricksenden Konzernführungen müssen wir den Wandel gemeinsam anpacken, mit den Gewerkschaften und vor allem mit den Menschen in den Kohleregionen. Für mich hieß das: Ich muss wegkommen von der Haltung: »Ihr müsst mal« – also ihr Bundesregierung, ihr Landesregierung, ihr Konzerne.

Einen Großteil meiner parlamentarischen Arbeit ab 2013 als Bundestagsabgeordnete und Klimapolitikerin widmete ich daher dem Ziel, gemeinsam mit meinem Fraktionskollegen Oliver Krischer aus dem rheinischen Revier und der früheren NRW-Landesministerin Bärbel Höhn eine Kohleausstiegsstrategie zu entwerfen, mit der schrittweise Kraftwerksblöcke vom Netz gehen können und dennoch jederzeit Versorgungssicherheit und Arbeitsplätze garantiert werden. Letzteres war zwar eigentlich eine unternehmerische Frage, aber um demokratische Mehrheiten für den Kohleausstieg zu erringen, musste eine politische Antwort auf die Frage gefunden werden, wie das Wegbrechen von 8000 Arbeitsplätzen in der Lausitz plus Zulieferer in einer ohnehin strukturschwachen Region verhindert werden kann. Wir entwickelten ein Konzept für den Strukturwandel und einen speziellen Lausitzfonds und diskutierten dies rauf und runter mit Wirtschaftsvertreter*innen, Regionalplaner*innen, Wissenschaftler*innen, Gewerkschaftler*innen und vor allem mit den Menschen in der Region.

Das war mitunter hart. So saß ich an einem Januarabend in einem Scheunentalk in Cottbus mit dem Titel

»Stirbt die Lausitz?«. Der Moderator, der nicht wirklich am Thema interessiert zu sein schien, kommentierte gleich zu Beginn mein Alter und Aussehen, befragte mich nach einem eventuellen Hausmann und stellte meine Profession infrage. Auf dem Podium wurde bestritten, dass die Klimakrise menschengemacht sei. Meine ursprüngliche Hoffnung, dass ja zumindest mein CDU-Kollege aus dem Bundestag oder auch der Chef des Energiekonzerns LEAG ebenfalls ein Interesse daran haben könnten, die Diskussion zu versachlichen, verflog mit jeder weiteren Minute.

Ich war aus meiner Wahlkreisarbeit vieles gewohnt, war bis dato aber selten auf einem Podium, auf dem so bewusst missverstanden und polemisiert und mit Unterstellungen gearbeitet wurde. Das Publikum schien mit großer Mehrheit die Klimaleugnungsthesen des Moderators zu teilen und unterstrich dies mit entsprechendem Applaus. Wenig später, als ich mich fragte, warum ich die Veranstaltung entgegen dem Rat des dortigen Kreisverbandes zugesagt hatte, erreichte die Diskussion den Tiefstand: Ein paar Tage zuvor hatte der Thüringer Rechtsextremist und AfD-Politiker Björn Höcke vom »Denkmal der Schande« gesprochen. Sein Parteikollege auf dem Podium erwähnte beiläufig, die bösen Medien hätten das ganz falsch dargestellt. Ich schaute nach links, schaute nach rechts. Wieder nichts, keine Reaktion. Also setzte ich erneut an, um deutlich zu widersprechen.

Plötzlich regten sich in der vorderen Reihe ein paar Hände mit zaghaftem Applaus. Was bei meinen Wortbeiträgen den ganzen Abend so gut wie gar nicht vorgekommen war. Zwei Frauen, die ich bis dato für den persönlichen Fanclub des AfD-Manns gehalten hatte, stiegen mit ein. Just in dem Moment wusste ich wieder, warum ich seit ein paar Jahren in unserer Bundestagsfraktion so vehement dafür plädiert habe, Podien nicht abzusagen, auch wenn Antidemokraten dort sitzen. Weil wir ihnen nicht unwidersprochen die öffentlichen Räume überlassen dürfen und weil wir als demokratische Politiker*innen den Menschen den Rücken stärken müssen, die mit Rechtsextremismus täglich konfrontiert sind. Weil Rechte sich bewusst Themen wie Klimawandel oder Corona aussuchen, um in die Mitte der Gesellschaft vorzudringen.

Zum Ende der Veranstaltung bemerkte ich weiter hinten ein paar Leute aus den von Abbaggerung betroffenen Dörfern, die ich im grellen Scheinwerferlicht gar nicht gesehen hatte. Beim Rausgehen riefen sie mir zu: »Danke, dass du da warst. Wir wissen, wir sind nicht allein.« An der Tür tippte mir dann jemand auf die Schulter, ein LEAG-Mitarbeiter, wie auf seinem Cap unschwer zu erkennen war. »Sie haben ja recht. Wir können mit den Tagebauwerken nicht ewig so weitermachen. Ich erlebe ja, was hier mit dem Wasser passiert. Aber geben Sie uns eine Perspektive.« Dieser Satz war für mich nach diesem harten Abend wertvoller als der Beifall von über tausend Menschen nach einer meiner Reden beim Neujahrsempfang des Bundesverbandes der Erneuerbaren Energien.

Perspektive geben – bei den Jamaika-Sondierungen war genau das für mich einer der zentralen Knackpunkte. Nächtelang verhandelten wir über die Abschaltung von Kraftwerkskapazitäten bis 2020. Die CDU wollte zunächst drei, dann maximal fünf Gigawatt Kohleleistung, die FDP gar kein Werk vom Netz nehmen. Um die nationalen Klimaschutzziele bis zum Jahr 2020 zu erreichen, brauchten wir zehn Gigawatt. Wir einigten uns nach langem Hin und Her auf die bereits erwähnten sieben Gigawatt. Was uns einige Kritik einbrachte. Rückblickend betrachtet sind nun zwischen Ende 2017 und Ende 2020 gerade einmal vier Gigawatt abgeschaltet worden. Was unterstreicht, dass man sich sehr genau überlegen muss, einen Kompromiss zu verdammen, wenn dann als Alternative noch weniger rauskommt. Bekanntermaßen sind die Jamaika-Verhandlungen am Ende nicht erfolgreich gewesen, weil die FDP keine Lust mehr hatte. Was aber zu meiner großen Freude überlebte, waren die Idee einer Kohlekommission und vor allem die Zusage für Mittel zum Strukturwandel – gerade für die Lausitz.

Einige Monate nach dem Jamaika-Scheitern setzte die Bundesregierung aufgrund des gesellschaftlichen Drucks die Kohlekommission ein. Sie vertrat ein breites Spektrum an Interessen in unserer Gesellschaft: Wirtschaftsverbände, Gewerkschaften, Umweltorganisationen, Wissenschaftler*innen und nicht zuletzt Vertreter*innen der betroffenen Regionen. Der Auftrag der Kohlekommission war es, Vorschläge für einen erfolgreichen Strukturwandel in den Regionen zu machen und ein Enddatum für den Kohleausstieg festzulegen.

So richtig der gesellschaftliche Prozess war, so falsch fand ich es, dass die Bundesregierung bezüglich der konkreten Ausstiegsschritte keine politische Verantwortung übernahm. Meine Sorge bestätigte sich. Ohne ordnungspolitische Vorgaben zog sich der Prozess viel zu lang hin, und trotz nächtelanger Sitzungen über viele Monate hinweg wurde das Ergebnis von der Bundesregierung nicht 1:1 übernommen. Darüber hinaus wurde es am Ende wahnsinnig teuer für den Staat. Vierzig Milliarden wurden für die Regionen bereitgestellt. Und wie erst im Nachhinein herauskam: 4,35 Milliarden Euro bekommen die Braunkohlekonzerne für den Kohleausstieg, den man auch ordnungsrechtlich hätte regeln können.

Mehr als zwei Jahre später kam der Kohleausstieg dann endlich in den Bundestag. Doch mir blutete das Herz. Eigentlich wurde ja das, wofür ich mit vielen, vielen anderen jahrelang auf der Straße war, nun endlich Gesetz: der schrittweise Ausstieg aus der Kohleverstromung. Und das, was ich in den Jahren in der Lausitz gelernt hatte, dass Strukturwandel Unterstützung und Geld braucht, sollte nun ebenfalls kommen.

Selbst unser Lausitzfonds war aufgegriffen worden, auch wenn der Vorschlag der Bundesregierung einige fragwürdige Projekte beinhaltete. Doch statt diese historische Chance beim Schopf zu packen und das Ergebnis umzusetzen, was Hunderttausende Menschen auf der Straße erstritten und Expert*innen innerhalb der Kommission in nächtelangen Sitzungen über Monate erarbeitet hatten, verwässerten CDU/CSU und SPD es in letzter Minute noch einmal drastisch. Sie fixierten das viel zu späte Ausstiegsdatum 2038 – und strichen darüber hinaus eine entscheidende Stelle, um in der nächsten Legislatur dieses Datum vorziehen zu können. Außerdem entschieden sie, mit Datteln IV ein neues Kohlekraftwerk ans Netz zu nehmen, und verschoben einen Teil der finanziellen Unterstützung von den betroffenen Regionen zu den Konzernzentralen.

Für mich zeigen die Erfahrungen mit der Kohlekommission zweierlei. Es ist gut, wenn Politik über den Umgang mit großen Transformationsentscheidungen einen breiten gesellschaftlichen Dialog führt, um die Akzeptanz zu vergrößern. Die Entscheidung selbst jedoch sollte nicht in Kommissionen ausgelagert und dann auch nur halb umgesetzt werden. Mutige Entscheidungen gehören in die Parlamente. Die demokratische Politik trägt die Verantwortung – und muss sie wahrnehmen.

Erneuerung braucht Halt

Vorsorgen fürs Dasein

Gegenseitige Wertschätzung und Solidarität halten unser Land zusammen. Eine starke Gemeinschaft, ein soziales Miteinander, Familie, Freund*innen, Vereine und eine funktionierende Infrastruktur geben uns allen Halt. Die Zeit der Pandemie, in der so vieles davon weggebrochen ist, hat uns gezeigt, wie entscheidend das ist. Und wie wichtig es zugleich ist, einen sicheren Hafen zu haben, gerade in Zeiten des Umbruchs. Disruption kann unbarmherzig sein. Der wirtschaftliche Transformationsprozess, der vor uns liegt, wird ohne Frage weiteren Strukturwandel mit sich bringen.

Unser Land hat im letzten Jahrhundert so viele dramatische Umbrüche erlebt, dass die Leidenschaft für tiefgreifende Veränderungen bei einigen aus gutem Grund begrenzt ist. Nehmen wir die Zeit nach 1989. Die friedliche Revolution in der DDR und die deutsche Einheit waren historische Wunder. Aber die Zeit danach war geprägt von vielen Fehlern. Sie brachte eben nicht nur Demokratie und Freiheit, nicht nur neue Ansätze zum Naturschutz, zur Sanierung von Gebäuden oder zur Gründung von Unternehmen. Auch wirtschaftliche Zusammenbrüche, Arbeitsplatz- und Identitätsverlust und massenhafte Abwanderung waren Teil der Nachwende-Realität. Zudem ein neoliberaler Zeitgeist, dessen Auswirkungen in den ungleichen Lebensverhältnissen in Ost und West bis heute nachwirken. Meine Jahre in Brandenburg haben mich den Wert von Stabilität gelehrt. Zugleich sollte man die Sehnsucht nach Stabilität nicht mit dem Wunsch nach einer früheren Version der Gesellschaft verwechseln.

Natürlich liegen in Krisen auch Chancen, und natürlich können Umbrüche die Kreativität fördern. Aber eben nicht nur. Wenn wir uns also auf unbekanntes Terrain begeben, um eine Erneuerung unseres Landes zu schaffen, kann das nur funktionieren, wenn wir ihr eine Richtung geben und als Gesellschaft zusammenhalten. Dazu braucht es ein starkes soziales Sicherheitsversprechen. Einen Staat, der Sicherheit im Übergang garantiert und vorsorgt.

Sicherheit gewinnen wir, indem wir Veränderungen in die Hand nehmen. Selbst wenn es erst mal große Anstrengungen, viel Optimismus und hohe Investitionen erfordert, müssen wir mehr wagen, um nicht alles zu riskieren. Meine Partei hat sich diesen Grundsatz zu eigen gemacht und unserem Grundsatzprogramm den Titel »Veränderung schafft Halt« gegeben.

Natürlich kann Politik da nicht alles: Ob Menschen sich geborgen fühlen, hängt erst mal stark von ihrem unmittelbaren, privaten Umfeld ab, von Familie, Freund*innen, fürsorglichen Nachbar*innen. Aber der Staat kann möglichst gute Bedingungen fürs Leben ermöglichen – über die öffentliche Daseinsvorsorge. Ein Begriff, der sperrig und kalt daherkommt und doch die wichtigsten Aspekte unseres Lebens umfasst: alles, was wir vor Ort brauchen, um da(bei) sein zu können. Also am Leben teilhaben zu können. Dies zu gewährleisten verpflichtet sich ein Staat, der sich als Sozialstaat sieht. Dazu gehört die Bereitstellung eines öffentlichen Nahverkehrs, der Wasser- und Elektrizitätsversorgung, der Müllabfuhr, von Bildungs- und Kultureinrichtungen, Krankenhäusern, Friedhöfen, Schwimmbädern und der Feuerwehr.

All das fällt jedoch nicht vom Himmel, dafür muss vorgesorgt werden. So wie sich die Tausenden von freiwilligen und hauptamtlichen Feuerwehren in unserem Land in der Zeit, in der es nicht brennt, bestmöglich auf einen hoffentlich nicht eintretenden Einsatz vorbereiten, so muss ein effektiver Staat Vorsorge treffen, um Risiken und zukünftige Schäden zu minimieren. Das gilt für neue globale Risiken wie die Klimakrise, Cyber-Krieg oder Pandemien, gegen die wir nur ungenügend geschützt sind, genauso wie für unseren Lebensalltag hier in unserem Land.

Neokonservative und Neoliberale haben seit den 1980ern eine Politik geprägt, die die staatliche Rolle so definiert hat: repressiv stark, aber sozial schwach. Die Spätfolgen dieses Rückbaus staatlicher Daseinsvorsorge spüren wir noch heute: fehlende und schlecht bezahlte Mitarbeitende in kommunalen Gesundheitsämtern, auf Kante genähte Krankenhäuser, verödete Sportstätten und dichtgemachte Jugendclubs, stillgelegte Bahnstrecken, vor allem im Osten. Ich spreche hier aus meiner Erfahrung als zugezogene Brandenburgerin, die erst mit den Jahren gelernt hat, welch traumatisierende Erfahrungen die Menschen in Ostdeutschland in den 1990ern gemacht haben, als auf einmal nichts mehr galt, nichts mehr einen Wert hatte und das Gemeinschaftliche den Regeln des privaten Gewinnstrebens unterworfen war. Und ich spreche aus meiner Erfahrung als Studentin in London, wo Margaret Thatcher 1979 begonnen hatte, den Sozialstaat nach dem von ihr selbst so beschriebenen Prinzip zu schreddern: »So etwas wie Gesellschaft gibt es nicht.«

In meiner Zeit an der London School of Economics spielte ich in einer Fußballmannschaft. Nach einem Match an einem eisigen Herbsttag saß ich mit anderen zu lange an einem kalten Bahnsteig und zog mir eine heftige Nierenbeckenentzündung zu. Nachts im Bett ging es mir richtig dreckig, und es wurde immer schlimmer. Über vierzig Grad Fieber, ich dachte, das Thermometer spielt verrückt. Zum Glück lebte ich in einem Wohnheim, ganz klassisch mit Gemeinschaftsküche und Gemeinschaftsbad. Weil ich mich so elend fühlte, bat ich am frühen Morgen meine französische Zimmernachbarin um Hilfe. Als sie mich in dieser Verfassung sah, rief sie sofort den Krankenwagen. Der kam aber nicht. Gegen Mittag – ich war inzwischen fast weggetreten – schaute die Leiterin des Wohnheims bei mir vorbei, jemand musste ihr Bescheid gegeben haben, und sagte: »Habt ihr denn nicht den Krankenwagen gerufen?«

»Doch, klar, schon vor Stunden«, sagte meine Zimmernachbarin.

»Aber habt ihr auch gesagt, dass sie stirbt? Sonst lassen die sich ja nicht blicken«, meinte daraufhin die Heimleiterin.

Das war die Realität des – auch in Deutschland früher oft gepriesenen – National Health Service (NHS) nach Jahrzehnten der Einsparungen. Als der Krankenwagen endlich doch eintraf, lag darin schon ein anderer Patient. Ich wurde auf einem Klappsitz hinter der Pritsche angeschnallt. Im Krankenhaus schwitzte ich mit meinem Fieber im Schlafsaal tagelang die Laken durch, ohne dass dort jemand dafür zuständig gewesen wäre, meine Bettwäsche zu wechseln. Bei den anderen kümmerten sich die Familien um frische Bettwäsche. Mir half schließlich meine französische Freundin. Zum Glück wurde ich trotzdem wieder gesund, aber zur Kontrolluntersuchung reiste ich dann extra nach Deutschland. Einen Termin für die fachärztliche Nachsorge hätte es mit dem NHS-Basistarif, auf den ich als EU-Bürgerin (vor dem Brexit) Zugriff hatte, erst ein halbes Jahr später gegeben.

Das sind die Folgen eines Gesundheitssystems, das auf einer minimalen Grundversorgung basiert und in dem alles, was darüber hinausgeht, privatisiert wurde. Zum Glück sind wir in Deutschland diesen Weg nicht gegangen. Aber die rigorosen Einsparungen haben auch bei uns Spuren hinterlassen. Ja, ein gutes Gesundheitssystem ist teuer. Doch das sind Investitionen, die allen in einer Gesellschaft zugutekommen. Dass in den vergangenen dreißig Jahren rund 25 Prozent der Krankenhausbetten in Deutschland abgebaut wurden, insbesondere im ländlichen Raum, ist in der Pandemie zum großen Thema geworden, als wir gemerkt haben, dass sie uns fehlen. In guten Zeiten einsparen und Gewinne kassieren ist leicht. Ein Staat, der seiner Verantwortung gerecht werden will, muss jedoch vorsorgen, und das geht nicht, wenn die Daseinsvorsorge unterfinanziert und dem Primat der Ökonomie unterworfen ist. Manche Dinge rechnen sich im engeren Sinne ökonomisch nicht, aber sind gesellschaftlich Gold wert.

Die Zeit des neoliberalen Ausverkaufs ist vorbei, aber der Schaden, den er hinterlassen hat, ist gewaltig. So haben Kommunen in den Nullerjahren reihenweise ihre Immobilien zu Spottpreisen verkauft, mit der Folge, dass die Mieten förmlich explodiert sind und private Investoren Milliarden verdient haben. Und das Leben in wachsenden Städten und Regionen für viele Menschen unerschwinglich geworden ist. Das soziale Gefüge, das Gerechtigkeitsverständnis und die Kultur des Miteinanders sind davon zutiefst erschüttert.

Die vergangenen fünfzehn Jahre waren für Deutschland wirtschaftlich gesehen gute Jahre, doch sie wurden nur einseitig genutzt. So gab es ohne Frage prestigeträchtige Modernisierungsprojekte wie die Elbphilharmonie oder Stuttgart 21, und die Boomregionen bekamen schnelle ICE-Verbindungen, von denen Menschen wie ich profitieren. Die Lebensqualität hat das aber nur in einigen Regionen erhöht, in anderen nicht. Das, was uns als Land trägt, was uns stark macht, was uns voranbringt, all das ist vernachlässigt worden: die Schaffung bester Bildungseinrichtungen, erreichbarer Kliniken, Jugendclubs im ländlichen Raum und öffentlicher Schwimmbäder, der Ausbau von Fahrradwegen, schnellem Internet und Netzen für erneuerbaren Strom, die Bereitstellung von genügend Ladesäulen für Elektromobilität sowie die Finanzierung von Kunst und Kultur.

Jetzt sind die »fetten Jahre« vorerst vorbei, und wir müssen alles auf einmal schaffen: unser Land reparieren, zusammenhalten und erneuern. Einen richtigen großen Sprung machen. Die Pandemie hat die Handlungsnotwendigkeit gegenüber den vorher schon existenten Problemen beschleunigt.

Der Investitionsstau in der Infrastruktur ist mit 140 Milliarden Euro gigantisch. Das entspricht auch ungefähr der Summe, mit der unsere Kommunen verschuldet sind – regional höchst unterschiedlich. Allein in den Krankenhäusern fehlen in etwa 50 000 Pflegekräfte. Genauso viele Jugendliche verlassen jedes Jahr die Schule ohne Abschluss – Zukunftsaussichten: bescheiden. Bei der Bundespolizei sind Tausende Stellen unbesetzt, weswegen Polizistinnen und Polizisten über 1,5 Millionen Überstunden vor sich herschieben. Während in Estland alle Verwaltungsprozesse digital funktionieren, selbst im tiefsten Wald hervorragendes Netz ist, haben in Deutschland gerade einmal fünf Prozent der Haushalte schnelles Internet. Wir liegen auf Platz 34 in der OECD.

All das spüren wir in den Dörfern und Stadtteilen: Schwimmbäder, Turnhallen, Bibliotheken und Gemeinschaftshäuser müssten eigentlich die am besten ausgestatteten Orte sein, zu denen wir gern gehen. Die Grundversorgung mit Krankenhäusern, Schulen und Kitas, ebenso mit stabilem Internet und Mobilfunk müsste gewährleistet sein – und die Anbindung mit öffentlichen Verkehrsmitteln. Wenn ländliche Orte nicht mehr vergessen, abgekoppelt oder aus der Zeit gefallen wirken, werden sie auch als Lebensraum für junge Menschen wieder attraktiv, gerade in Zeiten von Digitalisierung und Homeoffice.

»Auf keinen Fall zieh ich mit dir aufs Land«, sagte mein Mann relativ früh zu mir. Seine Begründung: »Schon als ich zum ersten Mal bei euch in der Familie war, ging's dauernd nur darum, wer wen mit dem Auto wohin bringen kann. Diese ständigen Logistikfragen, die machen einen doch wahnsinnig.« Mir war das bis dahin nicht aufgefallen, ich kannte es ja nicht anders. Aber er hatte natürlich recht. »Wer fährt wen?« ist die Kehrseite des Problems mit der Verkehrsanbindung, das mich in meiner Jugend bis zum Überdruss beschäftigte. Aufs Gymnasium ging ich in Hannover, und ich musste auf dem Schulweg einmal umsteigen. An den meisten Tagen war um 13:30 Uhr Unterrichtsschluss. Um 13:33 fuhr der Bus, mit dem wir Anschluss nach Schulenburg hatten. Wenn wir rannten, konnten wir ihn erwischen – sofern er ein bisschen Verspätung hatte. Fuhr er pünktlich, hatten wir keine Chance. Dann mussten wir den nächsten Bus nehmen, verpassten damit allerdings den direkten Anschluss ins Dorf und mussten jedes Mal eine gefühlte Ewigkeit an der Haltestelle in Pattensen warten. Spätabends fuhr dann kein Bus mehr. Ein Grund, warum ich mit 16 für ein Jahr in die USA ging, war der Wunsch, endlich aus dem Dorf rauszukommen und vor allem in den USA deutlich früher meinen Führerschein machen zu können. Als ich zurückkam, schenkten mir meine Eltern ihren klapprigen alten VW Polo. Und von meinen Freund*innen aus Hannover (die sehr dankbar waren, nun eine Fahrerin zu haben, da ich die Einzige mit Führerschein war) bekam ich ein Schild mit der Aufschrift »Renntrecker«, weil die Karre fast auseinanderfiel. Aber für mich bedeutete der Polo die große Freiheit.

Wir bekommen den Individualverkehr in die Städte hinein nur reduziert, wenn wir für einen massiven Ausbau des ÖPNV und für bezahlbare Preise im Regionalverkehr sorgen. Meine Partei hat in den Bundesländern, in denen wir mitregieren, damit angefangen, ein 365-Euro-Ticket einzuführen. Darüber hinaus reaktivieren wir stillgelegte Bahnstrecken und arbeiten darauf hin, dass der Bus stündlich fährt. Wenn kein Zug mehr hält, das Dorfcafé zumacht, der Landarzt keinen Nachfolger für seine Praxis findet und es kein Breitband im Ort gibt, dann fühlen sich Menschen nicht nur abgehängt, dann sind sie es auch. Wenn die Daseinsvorsorge bröckelt, bröckelt das Vertrauen in unseren Staat.

Ein effektiver und helfender Staat aber ist das Rückgrat einer solidarischen und gerechten Gesellschaft. Wo der Staat sich zurückzieht oder zurückgedrängt wird, wächst Ungleichheit und vertiefen sich Risse. Der Verfassungsanspruch gleichwertiger Lebensverhältnisse in ganz Deutschland wird so unglaubwürdig.

Ist das ein ostdeutsches Problem? Oder ein Stadt-Land-Problem? Ein Generationenproblem? Ein Problem von Regionen, die besonders vom Strukturwandel betroffen sind? All dies trifft zu, aber noch mehr: Das Problem betrifft das ganze Land, überall da, wo die Vernachlässigung der sozialen Infrastruktur in den Kapillarsystemen unserer Gesellschaft spürbar ist. Besonders dort, wo starke Familienunternehmen und eine engagierte und kreative Bürgerschaft fehlen, die das abfedern können. Ich hatte die Hoffnung, alle demokratischen Parteien hätten das spätestens mit den Wahlerfolgen der AfD in den Jahren 2016 und 2017 verstanden.

Während der Jamaika-Sondierungen 2017 hatte die CSU-Delegation zu meiner Überraschung immer wieder sehr deutlich betont, dass die AfD vor allem in strukturschwachen Regionen Bayerns Stimmen gewonnen hatte. Das passte zu ähnlichen Tendenzen in den strukturschwachen Regionen Ostdeutschlands. Zwar lässt sich nicht überall eine direkte Korrelation herstellen mit stillgelegten Bahnstrecken oder mit der Zahl der Arztpraxen oder Grundschulen, die es vor Ort gibt. Und es gibt auch soziokulturell sehr reiche Regionen mit starkem rechten Stimmenanteil. Aber oft sind die Zusammenhänge zwischen einem Mangel an staatlicher Infrastruktur und hohen Wahlergebnissen für rechtsextreme Kräfte doch unverkennbar, weil nicht zuletzt diese auch solche Gegenden bewusst nutzen.

Daher schöpfte ich Hoffnung, als wenig später der Innenminister sein Ministerium zum Heimatministerium ausrief. Der Begriff klang gerade in dieser Zeit aus dem Mund eines CSU-Politikers nicht ganz unproblematisch, aber mir schien, darin könnten zumindest Restbestände unseres Anliegens mitschwingen, die Infrastruktur in den strukturschwachen Gebieten nachhaltig zu kräftigen. Es wurde sogar eine Kommission »Gleichwertige Lebensverhältnisse« gegründet und im Juli 2019 ein Maßnahmenbündel mit dem Titel »Unser Plan für Deutschland« vorgelegt. Doch erreicht wurde wenig. Es gibt zwar Sondertöpfe für die Daseinsvorsorge im ländlichen Raum. Doch die Förderstruktur ist bisher ein bürokratischer Dschungel und zu wenig auf eine gezielte Hilfe für besonders bedürftige Kommunen ausgerichtet.

Was es bedeutet, in einer Stadt zu leben, die keine Handlungsspielräume mehr hat, habe ich in Frankfurt (Oder) erlebt, einer Stadt mit besonders vielen Hartz-IV-Haushalten und Kindern, die in Armut aufwachsen. Vor einigen Jahren ließ die Stadtverwaltung auch Spielgeräte auf den Spielplätzen abbauen, weil das Geld für die Instandhaltung von Rutsche und Schaukel fehlte. Denn als sogenannte »Haushaltssicherungskommune« musste Frankfurt (Oder) die »freiwilligen Leistungen« im städtischen Haushalt zurückfahren. Schon diese verfehlte Bezeichnung zeigt, was hier schiefläuft. Mit den »freiwilligen Leistungen« sind kommunalpolitische Maßnahmen wie eben die Pflege von Sport-, Kultur- und Freizeitangeboten gemeint. In einer Stadt, in der viele Familien in engen Plattenbauwohnungen leben, werden diese Bereiche ganz oben auf die Liste der von der Kommunalaufsicht des Landes verordneten Einsparungen gestellt. Dabei müssten sie, wenn uns die Zukunft der strukturschwachen Regionen am Herzen liegt, zu den staatlichen Pflichtausgaben zählen.

Goldene Pläne

24 Millionen Menschen in Deutschland sind in Sportvereinen aktiv. Nirgendwo engagieren sich so viele Menschen, in Nord und Süd, in West und in Ost, in Stadt und Land, ob alt oder jung. Als kleiner Vergleich: Alle Parteien, die im Deutschen Bundestag vertreten sind, haben zusammengenommen 1,2 Millionen Mitglieder. In den Gewerkschaften sind circa 5,9 Millionen Menschen Mitglied, und wenn man die fünf größten Umweltverbände zusammennimmt, kommt man auf 2,6 Millionen.

Denke ich an Sport, denke ich an volle Power, klitschnasse Trikots und Schlammschlachten auf dem Fußballfeld. Und an Doppelsaltos auf dem Trampolin. Sport war mein Leben in der Jugend. Ich habe dieses Gefühl geliebt, mich völlig zu verausgaben und bis an die Grenze der eigenen Kräfte zu gehen. Dieses Kribbeln im Bauch, wenn man in fünf Metern Höhe zum ersten Mal den nächsten Sprung wagt. Dieses Vertrauen auf die eigene Kraft. Sport reizt mich bis heute in seiner ganzen Vielfalt. Auch in seinen Extremen und Widersprüchen.

Bei mir ging es mit sechs Jahren mit dem Trampolin los. In meinem Dorf sind damals alle zum Kinderturnen gegangen. Die Turnlehrerin meinte zu meiner Mutter, ich hätte eine besondere Sprungkraft und solle doch zum Kunstturnen. Der nächste Kunstturnverein war aber in Hannover, also viel zu weit weg, um da als Kind so einfach hinzukommen. Im Nachbarort Pattensen gab es aber einen Trampolinverein, und so ist Trampolin dann meine große Leidenschaft geworden. Am Anfang, als kleiner Floh, der einen halben Meter hochgehüpft ist. Später dann als Teenager bis an die Hallendecke. Als ich Trampolinspringen leistungsmäßig betrieben habe, ging es drei- bis fünfmal die Woche in die Turnhalle. Jedes zweite Wochenende in eine andere Stadt zum Wettkampf – die ganze Schulzeit hindurch.

So ein Trampolin ist ziemlich groß. Es ist nicht so ein rundes, wie es mittlerweile in vielen Gärten steht, nachdem Trampolinspringen olympisch geworden ist. Sondern das Sprungtuch, das einen über fünf Meter hoch federt, misst gute vier mal zwei Meter. Mit jedem neuen Sprung, den man lernt, überschreitet man eine neue Grenze. Und das Einzige, was einem etwas Sicherheit gibt, wenn man einen Doppelsalto mit Schraube neu ausprobiert, ist die Trainerin, die unten steht und die Sicherheitsmatte im richtigen Moment an die richtige Stelle des Trampolins schieben muss, falls man falsch landet. Beim ersten Mal habe ich immer die Augen zugemacht. Aber am schwierigsten war das zweite Mal, wenn man wusste, was einen erwartet. Wenn man es dann gut kann, sieht Trampolinspringen ja federleicht aus, es ist aber ein echter Kraftsport. Man braucht eine Menge Kondition und Körperbeherrschung, Spannung im gesamten Körper und eben Mut, immer wieder Neues zu wagen. Wenn es schiefläuft, landet man auch mal krachend auf dem Hallenboden.

Das passierte mir 1994. Trümmerbruch im Fußgelenk, ausgerechnet eine Woche vor den deutschen Meisterschaften, die in dem Jahr auch noch Teil des Deutschen Turnfestes waren, des Highlights schlechthin für mich damals. Im Krankenhaus weinte ich nonstop, und der Arzt meinte irgendwann: »Mädel, so sehr kann das gar nicht wehtun.« Und ich: »Schmerzen kenn ich doch, aber ich wollte deutsche Meisterin werden in einer Woche.«

Auch diese krassen Rückschläge gehören zum Sport. Jede*r Sportler*in kennt dieses Gefühl, dieses Schwanken zwischen Gewinnen und Verlieren, zwischen himmelhoch jauchzend und zu Tode betrübt. In einem Moment bist du voll im Plan, und Sekunden später ist alles dahin. Und trotzdem trainierst du danach weiter, oftmals doppelt so intensiv. Dennoch bin ich danach nicht mehr deutsche Meisterin geworden.

Es gab Tage, an denen ich zuerst stundenlang auf dem Trampolin gesprungen bin, und im Anschluss ging's zum Fußball. Das war mein Gegenpol. Beim Trampolin ist man im Wettkampf komplett auf sich gestellt. Beim Fußball bist du so gut wie dein Team, musst blind passen können, für die anderen mitdenken, die dich im Zweifel auch raushauen. In diesen Gegensätzen lag für mich ein totaler Ausgleich. Wobei ich mit Fußballspielen nur angefangen habe (ich war auch nur halb so gut wie beim Trampolinspringen), um meiner Cousine einen Gefallen zu tun, da sie nach der F-Jugend nicht mehr bei den Jungs mitspielen durfte und eine Mädchenmannschaft brauchte: TuSpo Jeinsen.

Der Reiz des Fußballspielens liegt aus meiner Sicht darin, dass dabei so viele unterschiedliche Charaktere zueinanderkommen. Die einen tragen Nagellack, die anderen rennen mit kurz geraspelten Haaren herum. Auf dem Sportplatz spielt es keine Rolle, ob jemand in der Schule das Superhirn ist oder wie viel Geld die Eltern haben. Diese Vielfalt auf dem Platz, in der Halle oder auf der Bahn macht den Sport für mich aus. Sport ist ein Spiegelbild unserer Gesellschaft.

Sport basiert auf Regeln, ebenso wie eine Gesellschaft Regeln braucht. Bevor man anfängt, Fußball zu spielen, muss das Feld festgelegt, müssen die Teams aufgestellt sein. Als Kind im Sport und im Spiel zu lernen, dass gemeinsame Regeln wichtig sind und dass es Konsequenzen hat, wenn man gegen sie verstößt: Das ist eine fundamentale Übung für das demokratische Miteinander. Vor allem kann man im Sport lernen, eine Niederlage zu akzeptieren und danach gemeinsam auf das Spiel anzustoßen. Ich bin zunehmend irritiert, wenn Menschen versuchen, Stärke dadurch zu beweisen, Niederlagen nicht zu akzeptieren. Auf dem Platz wärst du damit raus. Das prägt den Charakter.

Auch für die Integration liefert der Sport einen wesentlichen Beitrag. Mir ging es selbst so, als ich in den Vereinigten Staaten war. Dort erlebte ich, was es bedeutet, neu in einem Land zu sein, ohne vorher irgendjemanden zu kennen. Ich war auf einer Privatschule, das war Zufall, weil die Mutter in meiner Gastfamilie Lehrerin an dieser Schule war. Meine Gastschwester und ich waren ohnehin schon außen vor, weil wir eben nicht zu den reichen Kids gehörten. Und dann hatte ich als 16-jährige Deutsche, anders als alle anderen in meinem Jahrgang, natürlich keinen Führerschein und kein Auto und war damit von allem abgeschnitten, was außerhalb der Schule passierte. Ganz zu schweigen davon, wie schwer es mir anfangs fiel, mich einzubringen in einer Sprache, die ich nicht perfekt beherrschte. Man tritt dann ja auch als Person ganz anders auf. Weniger offen, viel ernster. In Orlando gab es zwar keinen Trampolinverein, womit meine Trampolinkarriere im Leistungssport beendet war. Aber Soccer wurde gespielt. Ich weiß nicht, wie meine Zeit dort verlaufen wäre – damals hatten meine deutschen Freund*innen nicht mal eine E-Mail-Adresse –, wenn ich nicht die Möglichkeit gehabt hätte, über den Sport neue Freundschaften zu finden. Denn auf dem Fußballplatz war es wichtig, dass ich eine gute Ecke schießen konnte, und nicht, dass ich in der Sprache schon Ironie beherrschte oder eben in der »richtigen« Gastfamilie lebte.

Nicht ohne Grund heißt es, im Trikot sind alle gleich. In der Realität aber gibt es im Sport auch Rassismus und Abwertung. Doch nirgendwo sind die Regeln und Routinen so stark wie hier, ebenso die Korrektive, um Integration und Selbstwirksamkeit zu erleben.

Sportvereine sind kein Selbstläufer. In den Dörfern sterben Vereine aus, und in den Städten werden durch die extrem steigenden Mieten Stadtteile immer homogener, was dazu führt, dass eben nicht mehr automatisch Kinder unterschiedlicher Herkunft im Sportverein zusammenkommen, sondern Kinder mit einem sehr ähnlichen Background. Und wenn man genau hinschaut, gibt es auch hier einen gravierenden Unterschied zwischen Ost und West. In Westdeutschland sind sowohl unter den Kindern und Jugendlichen als auch unter den Erwachsenen deutlich mehr Menschen in Sportvereinen aktiv. So sind in Brandenburg etwa nur 14 Prozent und im Saarland 37 Prozent der Bürger*innen in Sportvereinen.

Das liegt vor allem an dem deutlich geringeren Angebot. Mit der Wiedervereinigung brach das gesamte Sportangebot im Osten zusammen. Breitensport war wenig verankert, da viel über den Spitzen- oder den Betriebssport lief. Mit der Abwanderung setzte ein weiterer Rückgang ein. Besonders dramatisch auch für Kinder und Jugendliche gerade in ländlichen Räumen. Außer Fußball gibt es wenig Angebote. Die Vereine, die sich pragmatisch mit Schulen zusammentun, scheitern an so banalen Dingen wie dem Schulbus. Wie der Roßweiner SV, östlich von Dresden, der in Zusammenarbeit mit der ortsansässigen Schule nachmittags Trainings organisierte. Vierzig Prozent der Mädchen und Jungen kommen allerdings aus umliegenden Orten, ihr Schulbus fährt schon um 14 Uhr ab. Am Training können sie nicht teilnehmen.

Denke ich an Sport, dann denke ich auch an miefige Toiletten und Nazi-Musik in der Umkleide, leider. Sosehr ich meine Trampolinhalle geliebt habe, so hoffte ich doch in den Stunden, die ich dort verbrachte, nicht auf die Toilette zu müssen, denn meistens funktionierte das Licht nicht. Und in unserem Fußballverein tauchten irgendwann in den 1990ern zwei neue Typen in der Herrenmannschaft auf. Kurz danach liefen in unserer Mädchenkabine die »Böhsen Onkelz«. Ein paar Wochen später stimmte eine meiner Mitspielerinnen die erste – ja, die erste – Strophe der Nationalhymne an. Erst beim dritten Mal trauten sich ein paar von uns zu sagen, dass wir das »voll scheiße« fanden.

Sport macht nicht automatisch stark, und Vereine fallen nicht vom Himmel. Es braucht Menschen, die sich dort engagieren. Zum Glück sind das Hunderttausende. Ehrenamtlich. Wir danken ihnen immer gerne als Politiker*innen – auch in der Corona-Zeit. Aber schöne Worte dichten kein Hallendach ab und bauen kein Trainingsgelände aus.

Die Zahl der Schwimmbäder hat sich in den letzten Jahren stetig reduziert. Jedes zehnte Bad wurde geschlossen – teils aufgrund von dringendem Sanierungsbedarf, häufig auch, um kommunale Haushalte zu entlasten. Schwimmunterricht wird nicht mehr flächendeckend in allen Schulen angeboten. Statt öffentlicher Lernschwimmbecken in jedem größeren Ort gibt es nun alle 70 km Spaßbäder oder private Schwimmschulen, bei denen man für 150 Euro sein Seepferdchen machen kann. Kein Zufall also, dass nicht mal jede*r zweite Viertklässler*in schwimmen kann.

Nur ein vielfältiges Sportangebot sorgt dafür, dass es weiterhin bunte Quartiere und bunte Vereine gibt. Es darf nicht sein, dass in einem Stadtteil nur noch Hockey gespielt wird und im anderen nur Fußball und dass der Fußballplatz dann auch noch drei Klassen schlechter aussieht als der Hockeyplatz. Gerade in Stadtteilen mit höherer Armutsquote müssten die schicksten Sportplätze stehen und nicht die Bolzplätze im Käfig. Sport kann, wie schon gesagt, den Schulunterricht hervorragend ergänzen. Wenn hier zum Beispiel Hockey oder Tennis angeboten wird, bekommen auch Kinder einen Zugang zu diesen Sportarten, die vielleicht sonst nicht automatisch die Möglichkeit dazu hätten.

Aus meiner Sicht braucht es daher einen neuen »Goldenen Plan« für den Sport. 1959 wurde ein solcher für den Ausbau von Sportstätten in der Bundesrepublik vorgelegt. Der Goldene Plan war kein Gesetz, sondern ein sogenanntes Konsenspapier von Bund, Ländern, Städten und Gemeinden – also eine gemeinsame Richtlinie. Aber er nahm tatsächlich als gigantisches Investitionsprogramm Gestalt an, das mehr als dreißig Jahre lang lief. Insgesamt gut 37 Milliarden D-Mark wurden in dieser Zeit für die Verbesserung der sportlichen Infrastruktur aufgebracht. Brauchbare Sportanlagen waren in den Nachkriegsjahren die Ausnahme, und der Mangel an Bewegungsmöglichkeiten war gerade für die von Kriegserlebnissen traumatisierten Kinder ein schwerwiegendes Problem. In den 1960er- und 1970er-Jahren sorgte der Goldene Plan vor allem für eine flächendeckend gute Ausstattung der Kommunen mit Sportplätzen und Schwimmbädern. Er gilt bis heute als eine der großen Erfolgsgeschichten des Sozialstaats in Deutschland.

1992 wurde mit einigem Getöse der »Goldene Plan Ost« aufgelegt, ein auf 15 Jahre angelegtes Aufbauprogramm für die Sportanlagen in den neuen Bundesländern. Aber er hatte längst nicht das gleiche Ausmaß und die gleichen Auswirkungen, zumal ein Großteil der bereitgestellten Gelder dafür eingesetzt werden musste, die zuvor staatlichen oder »volkseigenen« Sporteinrichtungen der DDR in kommunale Trägerschaft zu überführen.

Ende 2019 schließlich schien der Sportausschuss des Bundestages den Bundesinnenminister überzeugt zu haben, einen dritten Goldenen Plan zu starten. Doch das, was dann als »Investitionspakt Sportstätten 2020« im Oktober 2020 in Kraft trat, war lediglich eine sogenannte Verwaltungsvereinbarung, im Zuge derer der Bund 150 Millionen Euro als Finanzhilfe für die Länder zur Verfügung stellt. Angesichts des tatsächlichen Sanierungsbedarfs reicht diese Summe bei Weitem nicht. Goldene Zeiten für den Sport sehen anders aus, zumal der größte Kostenfaktor im Bereich der Sportförderung der Unterhalt der Sportstätten ist. Da ist es mit Einmal-Zuwendungen aus der Staatskasse nicht getan, da brauchen wir langfristige gemeinsame Lösungen von Bund, Ländern und Gemeinden.

Mir geht es um den Sport in seiner Breite. Oft wird eine ungleiche Behandlung von Breitensport und Leistungssport beklagt. Der Spitzensport, heißt es, sei in Deutschland komfortabel ausgestattet, während die Sportangebote für die breite Bevölkerung kaputtgespart würden. Als jemand, der selbst jahrelang eine Nischensportart als Leistungssport betrieben hat, sehe ich solche Verallgemeinerungen skeptisch. Es scheint mir falsch, Breiten- und Spitzensport gegeneinander auszuspielen und sie als um Fördergelder konkurrierende Bereiche hinzustellen. Ich weiß aus eigener Erfahrung, wie viel Ansporn und was für starke Identifikationsangebote der Leistungssport für Kinder und Jugendliche bereit hält. Wenn ich zum Beispiel an Olympia denke, erinnere ich mich immer daran zurück, wie wir früher in unserem Mädels-Haushalt parallel zu Olympia die Pokale und Medaillen herausgeholt haben, die wir beim Trampolinspringen, Fußball oder Schwimmen gewonnen hatten. Dann haben wir den »Saal«, so nannten wir den großen Gemeinschaftsraum in unserem alten Haus, mit Matten ausgelegt und die Olympischen Spiele nachgespielt, mit Schwimmen auf den Matratzen und allem Drum und Dran. Das hat uns Kinder wochenlang begeistert.

Wenn heutzutage Familien angesichts astronomischer Ticketpreise nicht mehr in Stadien können, und die Veranstalter nur noch auf Marketing und Sponsoring aus sind, dann verliert der Profisport und damit der Sport an sich das, was ihn im Kern ausmacht: dass er ein Volksfest ist für alle Menschen, ja eine Form der Verständigung, die auch dann funktioniert, wenn die Hürden, egal, ob politisch oder ökonomisch, unüberwindbar erscheinen.

Ein handlungsfähiger Staat

Corona hat unsere Gesellschaft auf einen Schlag in den Krisenmodus versetzt. Unsere staatlichen Institutionen sind an ihre Grenzen gestoßen, und wir haben an zu vielen Stellen erlebt, dass Verwaltungsprozesse zu langsam, zu bürokratisch, zu ineffizient oder zu komplex sind. Dabei müssen wir darauf vertrauen können, dass Gesundheitsämter verlässlich Daten erfassen und Informationen digital übermitteln oder dass das Wirtschaftsministerium Hilfen bereitstellt, die tatsächlich ankommen. Und das nicht nur während einer Pandemie. Handlungsfähige staatliche Institutionen sind die Voraussetzung für eine handlungsfähige Demokratie. Für meine Partei war das eine Lernerfahrung, die sich erst über die wachsende Verantwortung in den Kommunen und auf Landesebene festgesetzt hat: Eine neue Führung, gute Gesetze und politischer Handlungswille laufen ohne eine funktionierende Verwaltung ins Leere. Gute Absichten bringen nichts und selbst gute Gesetze wenig, wenn Politik nicht den harten Weg geht und die eigenen Vorhaben bis zur Umsetzung durchdenkt. Da liegt vieles im Argen.

Vom Bürgeramt bis zu den Universitäten lässt sich flächendeckend eine regelrechte Zettelwirtschaft erleben, und zahlreiche Beamt*innen beklagen das Ausmaß an Selbstverwaltung und Ineffizienz. Auch Beispiele für undurchschaubare, langwierige Verwaltungsprozesse lassen sich überall finden. Im Bekanntenkreis, wenn vom Bauantrag bis zur Genehmigung eines Schuppens ein Jahr vergeht, oder in der Öffentlichkeit, wenn kaum ein Großprojekt der letzten zehn Jahre rechtzeitig fertig geworden ist – man denke nur an den um sagenhafte neun Jahre verspätet eröffneten Berliner Flughafen BER.

Die Verwaltung ist aber in gewisser Weise das Herz des Staates: Schlägt es stark, ist unser Staat leistungsfähig, schlägt es schwach, droht ein Staatsinfarkt. Je dynamischer und digitalisierter sich die Gegenwart entwickelt, desto mehr Leistungen müssen die Verwaltungen anbieten, desto mehr Informationen müssen sie verarbeiten. Um am Puls der Zeit handeln zu können, müssen wir staatliche Prozesse in den kommenden Jahren auf ein neues Fundament stellen.

Jeden Tag leisten gut ausgebildete Fachleute in den Behörden ihre Arbeit. Vieles, was wir als Bürger*innen mit der Verwaltung erleben, erscheint uns unzeitgemäß. Wir sind es gewohnt, durch einen Klick Dinge zu erledigen, wie beispielsweise einzukaufen, finden uns aber mit einer Wartenummer in der Hand vor Schaltern in den Behörden wieder.

Während sich die Welt verändert, scheinen die staatlichen Institutionen stehen zu bleiben. Die Politik hat das Thema E-Government aufgrund einer falschen Prioritätensetzung zu lange stiefmütterlich behandelt. Der Grund sind unzureichende Technik, schlecht gemanagte Digitalisierung und überholte Arbeitsabläufe. Nicht die Menschen, die in den Verwaltungen arbeiten.

Bund und Länder haben bereits begonnen, einzelne Dienstleistungen für Bürger auch digital anzubieten, wie etwa die Ummeldung eines Wohnortes. Diese Digitalisierung muss parallel aber auch innerhalb der Behörden passieren. Verwaltungsverfahren sollten stets dementsprechend gedacht und gestaltet werden, vor allem auch in der Zusammenarbeit mit Unternehmen. Es braucht elektronische Akten, die digitale Verknüpfung von vorhandenen Informationen und sichere digitale Beteiligungsformate im Planungsrecht. Zudem muss nun dringend sichergestellt werden, dass nicht jedes Bundesland vor sich hin digitalisiert. Sinnvoll wäre ein Bund-Länder-Staatsvertrag.

Ein nach wie vor unzureichender Austausch vorhandener Daten ist auch im Sicherheitsbereich ein großes Problem. Das wurde und wird vor allem auch beim Erkennen rechtsterroristischer Strukturen mehr als deutlich. An Daten mangelte es selten, an ihrer Zusammenführung in den extra dafür geschaffenen Terror-Abwehrzentren jedoch häufig. Statt die bei den unterschiedlichen Sicherheitsbehörden der Länder und des Bundes vorhandenen Daten dort auf klaren Rechtsgrundlagen zusammenzuführen, Verantwortlichkeiten zu definieren, um so Defizite bei der Analyse abstellen zu können, hockt noch immer viel zu oft jede Behörde auf ihrem eigenen Daten- und Wissensschatz. Hierdurch entstehen neue Sicherheitsrisiken, die wir uns in Zeiten, in denen sich unsere Demokratie vermehrt Bedrohungslagen ausgesetzt sieht, nicht länger leisten können.

Auch der Austausch von Informationen der Bürger*innen unter den Behörden sollte möglich sein – nach Zustimmung und unter Beachtung des Datenschutzes. Bisher finden sich Familien beispielsweise in einem regelrechten Leistungsdschungel wieder: Kindergeld, Kinderzuschlag, Schulstarterpaket und vieles mehr. Das führt dazu, dass das Geld oft nicht beantragt wird, obwohl es dem Kind zustünde – gerade Kinder, die in Armut leben, werden so nicht erreicht. Denn zahlreiche Familien wissen gar nicht, auf welche Unterstützungen sie ein Anrecht haben. Hier wäre es schlichtweg erforderlich, wie schon im Kapitel

»Der Mensch im Mittelpunkt« beschrieben, dass die zuständigen Behörden ihre Informationen, zum Beispiel über das Einkommen der Eltern, untereinander austauschen und nach einer einmaligen Beantragung automatisch eine Kindergrundsicherung auszahlen, in der sämtliche familienbezogenen Leistungen bereits enthalten sind.

Es geht nicht nur um eine Vereinfachung der staatlichen Prozesse, sondern auch um eine Umkehr der bisherigen Logik. Eine Leistung, die Bürger*innen qua Gesetz zusteht, muss nicht immer wieder neu beantragt werden, sondern es wird zur staatlichen Aufgabe, sie ihnen zukommen zu lassen. Wenn wir die Digitalisierung anpacken, wird sie das Verhältnis von Staat und Bürger*innen auf eine neue Basis stellen und auch zum Motor für einen modernen Sozialstaat werden.

Damit die Verwaltung all dies leisten kann, muss sie selbst digitalisiert und flächendeckend mit modernster Technik ausgestattet werden, vom Gesundheits- bis zum Bürgeramt. In der analogen Welt, wussten wir alle, dass wir uns auf dem Amt anmelden und »ausweisen«, sprich: unsere Identität nachweisen müssen, wollten wir einen Führerschein haben, unser Auto anmelden oder ein Haus bauen. Über unsere Meldeadressen waren und sind wir für die öffentliche Hand erreichbar.

Wie aber soll das jetzt alles digital funktionieren? Sichere und geschützte digitale Identitäten sind häufig das fehlende Puzzlestück für moderne staatliche Dienstleistungen und die vertrauensvolle Nutzung privater Dienste. Wir müssen auch bei digitalen Verwaltungsleistungen vorankommen und den Sprung zu sicheren digitalen Identitäten per Smartphone ermöglichen. Mit einer staatlich abgesicherten ID-Wallet sollten Bürger*innen ihren Personalausweis, ihren Führerschein oder ihre Krankenkassenkarte, aber auch Zahlungsdaten und Mitgliedschaften sicher auf dem Smartphone verwahren können und nicht auf private Anbieter angewiesen sein müssen. Dänemark und viele andere Länder sind diesen Weg längst gegangen. Dreh- und Angelpunkt für die weitgehende Digitalisierung der Verwaltung sind eine elektronische ID und ein Postfach – das entspricht in der analogen Welt einem Ausweis und einem Briefkasten an der Wohnung. Mit diesen beiden grundlegenden Bausteinen lassen sich auch förmliche Verfahren (amtliche Zustellungen) rechtssicher abbilden. Zweifellos würde eine vollständige Digitalisierung der Verwaltungsverfahren und damit der Kommunikation zwischen Bürger*innen und Verwaltung eine enorme Entlastung mit sich bringen. Darüber hinaus würde alles viel schneller gehen. Wir können eine digitale Anlaufstelle (*»one stop shop«*) für alle Behördengänge schaffen. Das wäre eine echte Erneuerung.

Im Bereich E-Government sind wir in allen europäischen und internationalen Vergleichen weit abgeschlagen. Mit dem Onlinezugangsgesetz haben sich Bund und Länder gemeinsam verpflichtet, sechshundert Verwaltungsleistungen bis 2022 zu digitalisieren. Der Zeitplan ist heute schon kaum zu halten. Das liegt auch und vor allem an einer Bundesregierung, die in Sonntagsreden zwar gerne von der Verwaltungsmodernisierung spricht, aber nichts anpackt, wenn es darauf ankommt. Gerade mit einem Blick auf das Silicon Valley und China sollten Europa und Deutschland bei hoheitlichen digitalen Identitäten zum Vorreiter werden und Vertrauen durch Souveränität schaffen.

Aber innerhalb einiger Behörden herrscht an manchen Stellen noch eine Arbeitskultur der Faxgeräte und strikt abgegrenzter Zuständigkeiten. Vorgesetzte geben Anweisungen und kontrollieren, Mitarbeiter*innen sollen Arbeitsaufträge möglichst fehlerfrei umsetzen. Viele Kommunikationswege führen nach wie vor in einer steilen Hierarchie von oben nach unten, während Kontrolle und Verantwortung zentralisiert an immer derselben Stelle bleiben. Natürlich braucht es Strukturen und Verantwortlichkeiten in unseren Behörden, und Initiativen müssen zentral gewollt sein. Allerdings können sie nur dezentral umgesetzt werden.

2020 erhielten wir einen Quarantänebescheid für eine unserer beiden Töchter, da ihr Horterzieher positiv auf das Corona-Virus getestet worden war. In dem Schreiben des Gesundheitsamts, das viele Eltern bundesweit bekamen, stand de facto die Aufforderung, die betroffene Person – also das Kind – in der Familie zu separieren, auch die Mahlzeiten sollten in getrennten Zimmern zu sich genommen werden. Würde man sich dieser Vorschrift widersetzen, drohe in letzter Instanz die Inobhutnahme des Kindes. Ich hatte das zuvor auch schon auf Twitter gelesen, dachte aber, es handele sich um einen Einzelfall eines Amtes. Vollkommen entgeistert stand ich also da und beschloss, der misslungenen Kommunikation auf den Grund zu gehen.

Was war geschehen? Das Robert Koch-Institut hatte den Gesundheitsministerien aufgetragen, den lokalen Gesundheitsämtern mitzuteilen, Quarantänebescheide zu verschicken. Da die Gesundheitsämter offensichtlich keinen angemessenen Leitfaden oder Ähnliches dafür erhalten hatten, sich aber rechtlich absichern wollten, kopierten sie Satzbausteine aus dem Infektionsschutzgesetz des Bundes. Dieses wiederum differenziert nicht zwischen Kleinkindern und Erwachsenen und wurde auch nicht für das Schreiben eines Quarantänebescheides formuliert. Offensichtlich waren also die Mitarbeiter*innen einiger Gesundheitsämter nicht so in den Prozess einbezogen worden, dass sie ihrer Verantwortung einer lebensnahen Bürgerkommunikation in Sachen Corona-Regeln gerecht werden konnten.

Jeder gut geführte Betrieb bezieht die Mitarbeiter*innen ein, teilt Verantwortung und Kontrolle und fördert projektbasierte Teamarbeit, Kooperation, Vernetzung, Austausch und Selbstwirksamkeit. So müsste auch eine neue Verwaltungskultur aussehen. Dafür braucht es die Zusammenarbeit der Behörden untereinander sowie innovative und flexible Arbeitsstrukturen. Innovationseinheiten in den Behörden sollten eng und transparent mit Wissenschaft, Wirtschaft und Verbänden zusammenarbeiten, sich untereinander vernetzen, neue Ideen testen und eine positive Fehlerkultur etablieren. Mitarbeiter*innen und Beamt*innen der öffentlichen Verwaltung müssen dabei in ihrer Expertise und Kreativität gefördert und gestärkt werden. Denn unser Ziel sollte es sein, dass die öffentliche Verwaltung in die Lage versetzt wird, vorausschauend zu handeln.

Dafür sollten Bürger*innen bei den sie betreffenden Prozessen stärker mit eingebunden werden, zum Beispiel bei der Planung von Infrastrukturprojekten. Ob marode Brücken, Engpässe im Schienennetz, ausstehende Genehmigungen für neue Windräder oder fehlender Lärmschutz: Zwischen Planungsbeginn und Baufreigabe eines Projektes vergehen oft viele Jahre, mitunter sogar Jahrzehnte. Doch nicht Umwelt- und Naturschutzverfahren stehen primär dem Bau der Bahnstrecke oder der Lärmschutzwand zum angrenzenden Industriegebiet im Weg. Ganz im Gegenteil, viele Planungen werden durch eine frühzeitige Beteiligung, etwa von Naturschutzverbänden und Anwohner*innen, besser und können so schneller zu Ende geführt werden. Wichtig sind dafür jedoch transparentere Verfahren, an denen alle frühzeitig und umfassend beteiligt werden – und zwar schon bei den Fragen des »Ob« und nicht erst des »Wie«.

Robert Habeck hat in seiner Zeit als Energiewende-Minister in Schleswig-Holstein mit der Westküstenleitung gezeigt, wie es gehen kann. Diese Stromleitung soll sauberen Windstrom an der Nordseeküste einsammeln und Richtung Süden befördern. Auf zahlreichen Bürger*innenversammlungen hat er mit den Betroffenen, Verbänden und Vereinen, Kreisen und Behörden gesprochen. Es wurden »runde Tische« ins Leben gerufen, Messehallen, Stadthallen und Dorfkrüge angemietet, um den Austausch zu ermöglichen. Die Diskussionen der Fachleute, Planenden und der Bürger*innen waren lebhaft und impulsiv, emotional und sachlich; der Informationsgewinn war aufseiten aller hoch. Am Ende des Prozesses standen Veränderungen bei der Planung, aber gleichzeitig haben eben vielen Anwohner*innen verstanden, warum diese Leitung notwendig war.

Auch in den Planungs- und Genehmigungsbehörden gibt es einiges zu verbessern. Denn dort fehlt es an ausreichend fachkundigem Personal, um die zahlreichen komplexen Projekte zügig abzuarbeiten. Hier braucht es eine Personaloffensive des Bundes in Zusammenarbeit mit den Ländern, damit wieder mehr Planer*innen die Verfahren bearbeiten und sich so die Prozesse beschleunigen.

In unsere Zukunft investieren

All die hier genannten notwendigen Investitionen kosten sehr viel Geld. Sollten wir jedoch nicht sofort mit dem längst überfälligen Umbau beginnen, dann bezahlen wir das mit dem systematischen Verfall von öffentlichem Vermögen und Infrastruktur. Auch das sind Belastungen für künftige Generationen. Zudem ist der Verfall des öffentlichen Kapitalstocks schon heute ein großes Problem für die private Wirtschaft. Damit in Deutschland investiert wird, hiesige Unternehmen gute Aufträge erhalten und im globalen Wettbewerb weiterhin bestehen können, sind leistungsfähige digitale Netze, eine gute Verkehrsinfrastruktur, ein herausragendes Bildungs- und Forschungssystem zentral. Die Zeit nach der Pandemie wäre also ökonomisch der falsche Moment für Sparsamkeit. Es braucht vielmehr jetzt einen Boost für einen effektiven Staat, sozialen Zusammenhalt und eine zukunftsfähige Infrastruktur.

Die Forschungsinstitute der Wirtschaft und der Gewerkschaften gehen von einem Bedarf von etwa 450 Milliarden Euro für öffentliche Investitionen in den kommenden zehn Jahren aus. Diesen Betrag allein aus Steuern zu finanzieren, würde die private Nachfrage und damit die Wirtschaft schwächen. Daher ist es sinnvoll, die geltende Schuldenbremse zu erweitern, und eine Kreditfinanzierung für Investitionen in neues öffentliches Vermögen zu erlauben. Das ist keine Abschaffung des Prinzips der Schuldenbremse, sondern eine sinnvolle Investitionsregel. Der Staat würde als Investor agieren und so wie jedes Unternehmen mithilfe von Krediten eine Investition finanzieren, die sich rechnet. Der Bund hat hier den großen Vorteil, dass er auf seine Anleihen so gut wie keine Zinsen zahlt. Das wird aufgrund der makroökonomischen Rahmenbedingungen Deutschlands (hohe private Ersparnisse und niedrige Inflation, die die Zinsen drücken) voraussichtlich noch länger anhalten. Ökonomisch wäre es unvernünftig, diesen Vorteil nicht zu nutzen. Parallel dazu müssen die Unternehmen private Investitionen tätigen. Oft sind gerade die öffentlichen Investitionen beispielsweise in die Infrastruktur eine Voraussetzung dafür, dass sich neue private Investitionen lohnen.

Zugleich sollten wir uns vergegenwärtigen, dass die sogenannten konsumtiven Ausgaben des Staates (etwa eine gute Gesundheitsversorgung oder eine Kindergrundsicherung) und eine gerechte Steuerpolitik einen Beitrag für den Zusammenhalt in unserem Land leisten. Ohne eine Garantiesicherung, die wirklich allen Menschen Teilhabe garantiert, ohne einen fairen Mindestlohn und ohne Steuergerechtigkeit, die nicht nur bei den Einkommen steuernd eingreift, sondern auch bei Vermögen, verschärft sich die soziale Spaltung und damit die Unsicherheit im Land. Der sechste Armuts- und Reichtumsbericht des Bundessozialministeriums kommt zu dem Schluss: Der Anteil der Armen einerseits und der sehr Wohlhabenden andererseits ist seit den 1980er-Jahren von acht auf 20 Prozent gestiegen. Dieser Entwicklung müssen wir politisch aktiv entgegensteuern.

Steuern sollen auch lenken – und zwar gegen eine zunehmende Spaltung der Gesellschaft, wie wir sie derzeit erleben. Bei Einkommen gelingt uns das recht gut. Es gibt den sogenannten Gini-Index, der angibt, wie gut die Verteilung von Einkommen oder Vermögen in der Gesellschaft gelingt: 1 hieße, einer besitzt alles, 0 würde bedeuten, dass alle über gleich viel verfügen. Bei Einkommen liegt der Wert bei etwa 0,3 – Tendenz steigend. Aber dennoch: Vor der Besteuerung von Einkommen ist unser Gini-Index bei 0,5 und damit in etwa so hoch wie in einigen Ländern in Lateinamerika. So haben wir zum Beispiel vor dem Abzug von Steuern und Sozialbeiträgen die gleiche Einkommensungleichheit wie Mexiko. Doch im Gegensatz zu Mexiko verringert sich der Wert bei uns extrem, weil in Deutschland eine starke progressive Einkommenssteuer greift, die nach dem Prinzip funktioniert, dass die wirtschaftlich Leistungsfähigeren einen höheren Prozentsatz des Einkommens zahlen. Dieser große Unterschied vor und nach Steuern zeigt uns, welche wichtige Rolle eine progressive Besteuerung bei der Verringerung von Ungleichheiten spielt. Zugleich bleibt das massive Problem, dass die schlechte Lohnentwicklung gerade im unteren Einkommensbereich und die Zunahme der prekären und atypischen Beschäftigung zu einer neuen Form der »Working Poor« geführt haben.

Die Einführung des gesetzlichen Mindestlohns konnte die Entwicklung der Löhne in den unteren Dezilen zwar umkehren, sodass es wieder zu einer Reallohnsteigerung kam. Dennoch lagen die Löhne der unteren dreißig Prozent in den letzten Jahren noch immer real unter dem Niveau von 1995. Für Menschen, die bei uns die U-Bahn reinigen oder als Honorarkräfte an der Musikschule arbeiten, heißt das, gerade wenn sie Kinder haben, dass sie zusätzliche staatliche Leistungen brauchen, um überhaupt über die Runden zu kommen. Für das Alter kann da ebenso wenig was zurückgelegt werden wie für die kaputte Waschmaschine. Die Erhöhung des gesetzlichen Mindestlohns auf zwölf Euro ist ebenso dringend nötig wie die Eindämmung der atypischen Beschäftigung.

Bei Vermögen sieht es jedoch ganz anders aus. Weil die Vermögenssteuer ausgesetzt wurde und wir Erbschaften kaum besteuern (von bis zu 400 Milliarden Euro, die im Jahr 2018 nach Schätzungen des Deutschen Instituts für Wirtschaftsforschung (DIW) vererbt wurden, wurden lediglich 7,2 Milliarden Euro versteuert), liegt der Gini-Index bei Vermögen bei 0,8. Während unsere Einkommensungleichheit im internationalen Vergleich relativ niedrig ist, zählen wir beim

Vermögen zu den Ländern der Welt mit den größten Ungleichheiten. Selbst Mexiko steht hier besser da. Laut einer neuen Studie des Deutschen Instituts für Wirtschaftsforschung besitzen die oberen zehn Prozent der Bevölkerung in Deutschland mehr als die Hälfte des gesamten Vermögens.

An ebendiesem Punkt sollten wir uns als Gesellschaft fragen, ob wir der Entwicklung weg von einer Leistungs- und hin zu einer Erbgesellschaft tatenlos zusehen wollen. Wollen wir, dass die Zukunft der Kinder unseres Landes zunehmend vom Vermögen der Vorgenerationen abhängt? Wollen wir, dass die Kinder aus bildungsfernen Familien es immer schwieriger haben, Anschluss zu finden, sich hochzuarbeiten, jemals den Status zu erreichen, den Kinder aus Akademikerfamilien in die Wiege gelegt bekommen? Ich will, dass die Politik hier tätig wird. Über höhere und effiziente Besteuerung auf sehr große Vermögen können wir die extreme Ungleichheit verringern und dadurch über mehr Mittel verfügen, um in Bildungsgerechtigkeit und Chancengleichheit zu investieren.

Von Staatskritikern zu Verfassungspatriot*innen

Anfang 1980 wurden in Karlsruhe die Grünen gegründet, Ende 1980 kam ich zur Welt. Ich will diesen Zufall nicht überstrapazieren, aber meine Biografie bietet vielleicht ein paar brauchbare Anhaltspunkte, um die gesellschaftliche Rolle der Grünen heute zu erklären. Die westdeutschen Grünen gründeten sich als Anti-Parteien-Partei, und so vielfältig die verschiedenen Gruppen damals waren, sie standen fast alle dem Staat sehr kritisch gegenüber.

Für die erste Generation der Grünen trat der Staat nicht schützend, sondern vor allem als Gegner in Erscheinung. Ein Fanal in dieser Hinsicht waren die Proteste gegen das Atommülllager Gorleben Anfang der 1980er. Die brutalen Polizeieinsätze, bei denen sitzende Demonstrant*innen von den berüchtigten WaWe-6-Wasserwerfern so heftig beschossen wurden, dass sie Rippenbrüche und Nierenverletzungen erlitten, prägten sich tief ins grüne und gesellschaftliche Gedächtnis ein. Genauso wie die Mauschelei der Bundesregierungen unter Helmut Schmidt und Helmut Kohl, die das »Atomklo« in Gorleben durchgesetzt haben, obwohl wissenschaftliche Gutachten erwiesen hatten, dass der dortige Salzstock als Lager für radioaktiven Müll ungeeignet ist.

Der unnachgiebig kritische Blick der Grünen auf Machtstrukturen und Machtmissbrauch im politischen System dieses Landes hat entscheidend dazu beigetragen, dass sie aufgebrochen und vielfach tatsächlich offener werden konnten. Ich würde die Grünen mittlerweile sogar als eine der engagiertesten »Verfassungsschützer*innen« unter den Parteien in Deutschland bezeichnen. Wie erklärt sich dieser Wandel? Die Gesellschaft ist vielfältiger und demokratischer geworden, der Staat moderner. Meine Partei hat in diesen vierzig Jahren ihre Wurzeln nicht aufgegeben, sondern ist an ihnen gewachsen.

Mir wird diese Entwicklung an Demonstrationen bewusst, an denen ich teilgenommen habe. Bei den Anti-Atomkraft- beziehungsweise Friedensprotesten, zu denen mich meine Eltern mitnahmen, ging es, wie erwähnt, gegen den Staat. Bei den Demos der 1990er-Jahre wurde gegen starre Strukturen und politisches Nichthandeln protestiert, aber es ging nicht mehr darum, sich gegen »das System« an sich zur Wehr zu setzen. Bei den Lichterketten gegen die rassistischen Ausschreitungen von 1992/93 stand eine Gesellschaft auf und zeigte Gesicht, während Bundeskanzler Helmut Kohl sitzen blieb. In der Nacht des 29. Mai 1993 hatten vier Rechtsextreme Brandsätze in das Haus der Familie Genç in Solingen geworfen. Sie ermordeten: Gürsün Inçe, 26 Jahre alt, Hatice Genç, 18, Gülüstan Öztürk, 12, Hülya Genç, 9, und Saime Genç, 4. Während Mevlüde Genç, die Mutter, Tante und Großmutter der Ermordeten, um Versöhnung kämpfte, verwies der Regierungssprecher auf »weiß Gott andere wichtige Termine« des Kanzlers. Er begründete dies damit, dass man »nicht in Beileidstourismus ausbrechen« wolle. Der Brandanschlag und die politische (Nicht-)Reaktion war einer der Gründe, aus denen sich Cem Özdemir entschied, für den Bundestag zu kandidieren. Er zog 1994 als erster Deutscher türkischer Herkunft ein.

Ab 1998 waren Bündnis 90/Die Grünen mit in bundespolitischer Verantwortung, und meine Generation demonstrierte für bessere Schulen und gegen Castor-Transporte, aber wurde weder auf den Kundgebungen von der Polizei bedrängt, noch drohte uns die Schule mit Rausschmiss. Den Staat und seine Institutionen betrachteten wir nie als etwas Feindliches. Mit *Fridays for Future* geht nun seit einigen Jahren eine Jugend (mit mittlerweile vielen Älteren) auf die Straße, die die Politik auffordert, endlich ihre Pflicht zu tun.

In den letzten Jahren waren Kundgebungen prägend, auf denen die Grundwerte und die Verfassung unseres Staates verteidigt wurden. Als es Anfang der 2000er zu verhindern galt, aus der Kriegsgräberstätte bei Halbe einen Wallfahrtsort für Neonazis zu machen, war der Brandenburger Landtag prominent vertreten – gegen Kräfte, die in Deutschland »national befreite Zonen« einrichten wollen. Im Oktober 2018 standen wir auf der Unteilbar-Demo in Berlin als Grüne Bundestagsfraktion mit einem fünf mal drei Meter großen Grundgesetz zwischen 240 000 Menschen für eine solidarische Gesellschaft ohne Hass und Hetze ein. In Chemnitz, im gleichen Jahr, war ich erstmals froh, als eine Hundertschaft von komplett vermummten Polizist*innen auf uns zu rannte, um uns, die Demonstrant*innen der Demo »Herz statt Hetze«, gegen gewaltbereite Pegida-Anhänger*innen zu schützen.

Eine Partei, die gesellschaftlichen Wandel nicht mitvollzieht, macht sich selbst überflüssig. Angesichts der gezielten Angriffe auf staatliche Institutionen durch antidemokratische und rechtsradikale Kräfte stellten Robert Habeck und ich unsere erste Sommertour unter das Motto »Des Glückes Unterpfand«.

Ein Unterpfand ist der Gesellschaft für Deutsche Sprache (GfdS) zufolge eine Garantie. Tausendmal schief und krumm gesungen, heißt es in der Nationalhymne: »Einigkeit und Recht und Freiheit sind des

Glückes Unterpfand.« So alt die Worte Hoffmann von Fallerslebens sind, sosehr sind sie ein Versprechen und eine ständige Erinnerung an das Grundlegende in unserer Demokratie. Ganz gleich, woher jemand kommt, wie er aussieht und wie sie denkt oder lebt: Das individuelle Glück kann sich nur entfalten, wenn Einigkeit, Recht und Freiheit garantiert sind.

Das Zitat aus der Nationalhymne steht für mich beispielhaft dafür, dass diese Symbole nicht den Rechten gehören und dass Demokrat*innen Verfassungsfeinden keine Deutungshoheit darüber überlassen dürfen. Des Glückes Unterpfand liegt eben nicht in der Rückkehr zum Nationalismus, sondern es findet sich an den Wurzeln der liberalen Demokratie. Unsere Sommertour war eine Reise zu diesen Wurzeln.

Das, was es braucht, damit Glück möglich ist, wollten wir in ganz unterschiedlichen Zusammenhängen suchen, an Orten der Einigkeit, des Rechts und der Freiheit. Wir reisten nicht durchs Land, um den Menschen, die wir trafen, Vorträge zu halten, sondern im Gegenteil, um von ihnen zu lernen. Was und wer dieses Land schützt und zusammenhält – egal, ob in der Paulskirche, beim Besuch des gemeinsamen Zentrums der deutsch-polnischen Polizeizusammenarbeit, im Jugendzentrum Zitrone in Duisburg-Hamborn oder auch beim Verfassungsschutz.

Die Haltung der Grünen zum Verfassungsschutz steht vielleicht exemplarisch für ein gewandeltes Verhältnis zu den Sicherheitsorganen. Dazu hat sicher beigetragen, dass sich die politische Situation in Deutschland in den letzten Jahren stark verändert hat.

Neu war, dass eine Partei in die Parlamente eingezogen ist, die von innen, aus dem Herzen der Demokratie, gegen die Demokratie und gegen die Verfassung arbeitet. Dadurch war auch der Verfassungsschutz gefordert, als Verbündeter im Kampf für die Bewahrung der Grundrechte, der Verfassung, der wehrhaften Demokratie. Auf der anderen Seite spielte der personelle Wechsel an der Spitze des Verfassungsschutzes eine Rolle. Anders als sein Vorgänger stellt der neue Präsident Thomas Haldenwang die Gefährlichkeit von Rechtsextremismus insgesamt nicht in Abrede, sondern bezieht hier klar Position. Ebenso tun dies, auch schon seit Längerem, etliche Landesämter.

Trotzdem hat meine Partei sich einen kritischen Blick auf den Verfassungsschutz und andere Sicherheitsorgane bewahrt. Gerade im Hinblick auf die Drohschreiben des sogenannten NSU 2.0 und auf die immer wieder auftauchenden, zutiefst rassistischen, rechtsextremistischen, ja menschenverachtenden Chatgruppen unter Polizist*innen ist dies unbedingt geboten. Hier sind dringend tief greifende Veränderungen erforderlich. Um beim Beispiel des Verfassungsschutzes zu bleiben: Dem personellen Neuanfang muss ein struktureller folgen.

Das Bundesamt für Verfassungsschutz sollte aufgeteilt werden: Auf der einen Seite gäbe es dann ein unabhängiges, wissenschaftlich aus öffentlichen Quellen arbeitendes Institut zum Schutz der Verfassung. Auf der anderen Seite stünde ein verkleinertes Bundesamt für Gefahrenerkennung und Spionageabwehr, das mit rechtsstaatskonformen nachrichtendienstlichen

Mitteln arbeitet. Durch diese klare Aufgabenteilung würde die Arbeit des Verfassungsschutzes gleichzeitig transparenter und effektiver. Es wäre ein Gewinn für Sicherheit und Rechtstaat.

Eine demokratische Gesellschaft braucht eine verlässliche und gut ausgestattete Polizei in der Stadt und auf dem Land, analog wie digital, die die Vielfalt des Landes widerspiegeln muss, damit sich jede*r durch sie beschützt fühlt und auf sie verlassen kann. Ohne Wenn und Aber müssen staatliche Sicherheitsorgane auf dem Boden der Verfassung stehen. Die größte Gefahr für unseren gesellschaftlichen Zusammenhalt und damit auch für unsere Demokratie ist der Rechtsextremismus. Über 32 000 Rechtsextremist*innen gibt es laut Verfassungsschutz in Deutschland, 13 000 von ihnen sind gewaltbereit. Ich hätte an dieser Stelle gern den Opfern rechter Gewalt die Ehre erwiesen und sie hier alle namentlich genannt. Das Bittere ist: Es sind schlicht zu viele. Mindestens 213 Todesopfer rechter Gewalt hat die Amadeu-Antonio-Stiftung seit 1990, dem Jahr der Wiedervereinigung, gezählt. Dass erst nach dem Mord an Walter Lübke, erst nach den Morden in Halle und in Hanau alle demokratischen Parteien das Problem als drängend anerkannten, ist eine erschütternde Bilanz. Die schreckliche Mordserie des NSU hatte das nicht vermocht.

Meine Partei setzt sich deshalb schon lange für ein Demokratiefördergesetz ein, damit zivilgesellschaftliche Organisationen, die über Jahre versiert gegen Rechtsextremismus, Rassismus und Hass kämpfen und darüber aufklären, nicht ständig neue Projektanträge schreiben müssen, um staatliche Zuschüsse zu bekommen. Sondern sich auf ihre inhaltliche Arbeit konzentrieren können. Denn die engagierten Menschen im ganzen Land – von den kleinen Initiativen bis hin zu den großen Nichtregierungsorganisationen – investieren ihre Zeit und ihre Mühe nicht nur für Einzelne, sondern fördern damit auch den gesellschaftlichen Zusammenhalt. Das sollte der Staat wertschätzen, indem er ihre Arbeit nachhaltig, projektunabhängig und unbürokratisch dauerhaft finanziell absichert. Sie leisten auf diese Weise unschätzbare Arbeit für eine lebendige Demokratie.

Europäisch handeln

Finden wir unsere Stimme wieder

Wir leben in einem außenpolitischen Paradoxon. In den letzten Jahren hat sich die weltpolitische Lage tief greifend verändert, globale Kooperation liberaler Demokratien wird damit immer wichtiger. Zugleich aber wurde die deutsche außenpolitische Stimme immer leiser. Leider hat diese Passivität die gesamte Europäische Union erfasst. Dies schwächt nicht nur unseren Einfluss in der Welt, sondern auch die Weiterentwicklung des Völkerrechts und die Menschenrechte. Denn wir können die großen Herausforderungen unserer Zeit nur global angehen: die Auswirkungen der Klimakrise auf die weltweite Sicherheitslage, Pandemien, digitalisierte Vernetzung, Flucht und Vertreibung, weltweit agierende Terrornetzwerke.

Für eine aktive europäische Außenpolitik muss aber vor allem der deutsch-französische Motor wieder in Gang kommen. Was alles möglich ist, wenn Berlin und Paris entschlossen an einem Strang ziehen, zeigte sich im Frühsommer 2020, als durch einen gemeinsamen Kraftakt ein Konjunkturpaket gegen die Corona-Rezession im Umfang von 750 Milliarden Euro geschnürt wurde. Die Außen- und Sicherheitspolitik zwischen Berlin und Paris hingegen ist von großen Differenzen geprägt. Von der Russland- über die Türkei- bis hin zur Libyenpolitik oder auch bei der Integration des Westbalkan fehlt es an einer gemeinsamen Strategie. Zusammen mit den anderen Querelen in der EU schafft dies Lücken, die vor allem Länder mit erstarkten autoritären Tendenzen füllen.

So zeigte sich im wieder aufgeflammten Konflikt um die Kaukasusregion Bergkarabach, wie die Türkei und Russland erst die Krise anheizen und dann Russland als vermeintlicher Friedensstifter auftrat. Die EU blieb komplett außen vor. Schlimmer ist es im libyschen Bürgerkrieg gelaufen. Dort bemüht sich die EU inzwischen, beim Aufkehren des Scherbenhaufens zu helfen, den ein unkoordiniertes Engagement ihrerseits angerichtet hat – Italien und Frankreich unterstützten zwischenzeitlich unterschiedliche Konfliktparteien.

Unsere demokratischen Werte werden aber nicht nur von autokratischen Regierungen, sondern auch von global aufgestellten Konzernen etwa aus dem Digitalbereich attackiert, die ihre Marktmacht missbrauchen, um sich über internationale Spielregeln hinwegzusetzen. Daher ist es so entscheidend, dass Deutschland und die EU zu einer aktiven wertegeleiteten Außenpolitik zurückfinden, die sich den Widersprüchen unserer Zeit stellt, statt sich dahinter zu verstecken.

Ein Beispiel: Die Volksrepublik China ist neben den USA der wichtigste Exportmarkt, an dem Zigtausende deutsche Arbeitsplätze hängen. Um die Klimakrise in den Griff zu bekommen, ist eine Kooperation mit dem bevölkerungsreichsten Land unumgänglich. Dennoch kann es Europa nicht egal sein, dass deutsche Konzerne in der chinesischen Region Xinjiang produzieren, die für Zwangsarbeit, Überwachung und Unterdrückung von Millionen Menschen muslimischen oder christlichen Glaubens sowie Minderheiten wie den Uiguren, Kasachen, Kirgisen oder Hui-Chinesen steht. Viele, oftmals ganze Familien, landen in Internierungslagern. Sie erzählen von Foltermethoden, Erniedrigung, Vergewaltigung und Zwangssterilisation.

Die Antwort auf dieses Dilemma kann aus meiner Sicht nicht sein, sich zwischen rein ökonomischen Interessen oder Werten zu entscheiden. Mit einer ökonomischen Isolation würde jegliche Wirtschaftskraft und damit auch Wohlstand in Deutschland zusammenbrechen. Außerdem würde man dadurch auch menschenrechtlich keinen Millimeter vorankommen. Die Konsequenzen einer reinen Exportfixierung unter dem Primat der wirtschaftlichen Interessen wiederum haben wir in den letzten Jahren erlebt. So sind nicht unerhebliche Teile der deutschen und europäischen Industrie in einen gefährlichen Innovationsrückstand bei gleichzeitiger Abhängigkeit vom Riesenmarkt China geraten. Und die jüngsten Verhandlungen zum Investitionsabkommen zwischen der EU und China verdeutlichen, wie sehr das chinesische Regime diesen Marktzugang zu seinem gewaltigen Binnenmarkt gezielt als geopolitisches Druckmittel einsetzt.

Eine wertegeleitete Außenpolitik als Idealismus abzutun, wäre daher ein wirtschafts- und geopolitischer Irrtum, es widerspricht aber auch unserem Staatsverständnis. Deutschland trägt aus seiner Geschichte heraus eine besondere Verantwortung in der Welt. Die Präambel unseres Grundgesetzes ist kein Zufall, sondern Verpflichtung: »von dem Willen beseelt, als gleichberechtigtes Glied in einem vereinten Europa dem Frieden der Welt zu dienen«. Als hoch entwickelter und exportorientierter Industriestaat gehören wir darüber hinaus zu den Hauptverursachern globaler Erwärmung und agieren als entscheidender Player einer Globalisierung, die eben zu Ausbeutung von Menschen und Umwelt führt.

Eine wertegeleitete Außenpolitik bedeutet auch: Wenn in einen europäischen Nachbarstaat wie in die Ukraine Freischärler und Sondertruppen sowie schwere Waffen und Panzer geschickt werden und mit der Besetzung der Krim ein Teil des Landes annektiert wird, dann kann das Prinzip von Dialog und Härte nicht durch den Lauf der Zeit einseitig abgeschwächt werden. Erst recht nicht, nachdem die bis dato drittgrößte Atommacht Ukraine in den 1990ern ihre strategischen Atomraketen, Langstrecken-Marschflugkörper und taktischen Atomwaffen vernichtet hat. Im Austausch erhielt Kiew im Budapester Memorandum Sicherheitszusagen. Darin verpflichteten sich die USA, Großbritannien und Russland gegenüber Kasachstan, Weißrussland und der Ukraine, die territoriale Unversehrtheit und politische Unabhängigkeit der Länder einzuhalten sowie keine wirtschaftlichen Zwänge auf sie auszuüben. Die Unterstützung der Gaspipeline Nord Stream 2 nach der Besetzung der Krim steht dieser Zusage diametral entgegen.

Ähnlich sieht es bezüglich der Sorgen unserer drei baltischen Nachbarn aus, die im Zuge des NATO-Beitritts verzichteten, ihren Luftraum zu überwachen. Auch wenn ich verstehe, warum es einen Hang gibt, in die alten Erzählweisen des Kalten Krieges zu flüchten, ist das – bei allem Respekt – brandgefährlich. Wenn wir am Ende immer wieder um die eine fundamentale Frage kreisen – »für Amerika oder für Russland« –, werden wir der heutigen außenpolitischen Komplexität nicht gerecht.

Für Menschen meiner Generation, die nicht mehr im Zeichen des Ost-West-Dualismus aufgewachsen sind, aber auch für viele andere ist unser gemeinsames Europa der Handlungsrahmen. In einer Außenpolitik für das 21. Jahrhundert müssen unterschiedliche Perspektiven berücksichtigt werden: Generationenperspektiven, verschiedene Erfahrungshorizonte, etwa von Frauen und Minderheiten, die Blickwinkel von nicht-westlichen Akteur*innen im Lichte der Menschenrechte und des Völkerrechts.

Stärke des Rechts

Am Vorabend des 1. Mai 2004 stand ich mit Hunderten von Menschen im Herzen Europas auf der Oderbrücke zwischen Frankfurt und dem polnischen Słubice. Um Mitternacht ließ goldener Funkenregen den tiefschwarzen Nachthimmel erhellen, und das Wasser glitzerte wie Tausende Kristalle. *Freude schöner Götterfunken* erklang. Einander vollkommen fremde Menschen lagen sich in den Armen, als der damalige deutsche Außenminister Joschka Fischer und sein polnischer Amtskollege Włodzimierz Cimoszewicz symbolisch die Grenze zwischen den über so lange Zeit getrennten Hälften unseres Kontinents öffneten. Insgesamt zehn Staaten traten an diesem Tag der Europäischen Union bei: die baltischen Staaten und ehemaligen Sowjetrepubliken Estland, Lettland und Litauen, außerdem Polen, Tschechien, die Slowakei, Ungarn, die frühere jugoslawische Teilrepublik Slowenien sowie die beiden Mittelmeerstaaten Malta und Zypern. Die EU wuchs von 15 auf 25 Mitglieder – und begrüßte damit rund 75 Millionen neue Unionsbürger*innen.

Ich dachte in diesem Moment an meinen Opa Waldemar Baerbock, der als Wehrmachtsoffizier der Flakinstandsetzung (mot) 3 XI auf dem Rückzug im Januar 1945 auf die Ostseite von Frankfurt (Oder) kam. Er bekniete seine Mutter, die sich in seiner Heimatstadt im 70 km entfernten Gorzów Wielkopolski, damals Landsberg an der Warthe, versteckt hielt, sich zu ihm und der Verwandtschaft nach Gusow im Oderbruch durchzuschlagen. Ohne Erfolg.

Mit der sogenannten Osterweiterung im Mai 2004 galt die Teilung Europas – rund 15 Jahre nach dem Fall des Eisernen Vorhangs – als überwunden. »Menschlicher Wille kann alles versetzen«, dieser Spruch war da noch nicht an die Hauswand in Berlin-Mitte gepinselt. Aber diese Nacht verdeutlichte wieder einmal, was Politik verändern kann. An diesem Friedensprojekt Europa in einer sich verändernden Welt weiterzubauen, auch das ist das Erbe meiner Generation, die – wie es mein Opa, geboren 1913, hundert Jahre später kurz vor seinem Tod seinen Nachfahren (zehn Enkel*innen und damals fünf Urenkel*innen) schrieb: – » … das kaum glaubliche Glück haben sollte, keinen Krieg erleben zu müssen«. Und mein Großvater fuhr fort: » … ihnen [wird es] erspart bleiben zu verstehen, wie es in mir in diesem Augenblick ausgesehen hat«.

Dass ich auf dieser Brücke stand, habe ich allerdings nicht meinem Opa zu verdanken, der über sein Leben erst in seinem Buch so richtig sprach. Anders meine Oma mütterlicherseits, Alma Choroba, die, wie bereits erwähnt, 1958 aus dem heutigen Kuźnia Raciborska aussiedelte. Diese bis zu ihrer Altersdemenz – trotz unglaublicher Schicksalsschläge – wahnsinnig stolze, selbstbewusste und vor allem lebensbejahende Frau war rückblickend ein Hauptantrieb dafür, dass ich eine Leidenschaft für Europa- und Völkerrecht entwickelte. Und damit auch der Grund, weswegen ich 2004 ein Praktikum im Europäischen Parlament bei der Brandenburger Abgeordneten Elisabeth Schroedter machte, was mich wiederum zu den Grünen und so auf die Oderbrücke führte.

In meiner Kindheit verbrachte ich viel Zeit mit meiner Oma. Ich sauste durch die Flure der Sparkassenfiliale, während sie dort putzte, oder gärtnerte mit ihr in ihrem kleinen Schrebergarten. Aber vor allem erinnere ich mich an die Essnische im Flur vor ihrer Küchenzeile und an die braune Blümchen-Eckbank dort, auf der ich stundenlang ihren Kindheits- und Jugendgeschichten lauschte, während sie mir dabei meinen Rücken kraulte. Oder ich ihre geliebten Hefeklöße aß, ohne wirklich zu begreifen, was sie mir da eigentlich erzählte. Über die Flüchtlingstrecks und den Moment, als der Zug einmal anhielt, »eine Mutter ranssprang, um vom nahen Brunnen schnell Wasser zu holen. Doch da fuhr der Zug schon weiter. Die Mutter kam angerannt, aber sie schaffte es nicht mehr hinein. Und neben uns saßen ihre beiden kleinen Kinder.« Oder was ihr »Annalenchen, wenn mal die bösen Männer kommen, musst du dich einscheißern – dann lassen sie vielleicht von dir ab« wirklich bedeutete.

Leider habe ich auch später nicht weiter nachgefragt. Aber das Thema blieb zwischen uns. Sie, die die Volksschule besucht hatte und täglich die *Neue Presse Hannover* verschlang, meinte irgendwann Anfang der 1990er zu mir: »Annalenchen, jetzt kommt der Krieg doch wieder nach Europa, warum schreibt denn keiner darüber … darüber, was den Frauen angetan wird.« Tatsächlich wurde erst deutlich später über die unvorstellbaren »Einzel-, Gruppen- und Dauervergewaltigungen« berichtet, wie Human Rights Watch die Verbrechen klassifizierte, die an den Mädchen und Frauen vom ersten Tag des Bosnienkriegs an begangen wurden. Von 1992 bis 1995 wurden dem Europarat zufolge 20 000 Frauen Opfer sexualisierter Gewalt und Folter.

Marieluise Beck aus der Grünen Bundestagsfraktion war eine der ersten deutschen Politikerinnen, die das damals thematisierte. Dass die Grüne Partei am 13. Mai 1999 in Bielefeld nach heftiger Debatte inklusive Farbbeutelwurf dennoch mehrheitlich eine Beteiligung am NATO-Kriegseinsatz unterstützte, um weitere »ethnische Säuberungen« im überwiegend von Albaner*innen bewohnten Kosovo zu verhindern, obwohl es kein VN-Mandat gab, lag nicht zuletzt daran, dass man nicht nur das Massaker in Srebrenica, sondern auch die Kriegsverbrechen an den Bosnierinnen so deutlich im Bewusstsein hatte. Diese Entscheidung brachte die Partei in eine tiefe Identitätskrise. Zerrissen zwischen den eigenen Zielen und Verpflichtungen: nie wieder Krieg auf der einen Seite, nie wieder Völkermord auf der anderen Seite. Ausgerechnet als Partei, die aus der Friedensbewegung kommt, damit konfrontiert, den ersten Auslandseinsatz der Bundeswehr mit einer aktiven Teilnahme an Kriegshandlungen nach dem Zweiten Weltkrieg mit zu beschließen.

Die Art und Weise, wie gehadert, sich aufgerieben, eine Debatte auch stellvertretend für die Gesellschaft geführt und in einer friedenspolitischen Kommission später aufgearbeitet wurde, verdeutlicht einen Wesenskern der Grünen. Er ist einer der Gründe, weswegen ich Mitglied dieser Partei geworden bin.

Obwohl ich in den 1990ern als Teenagerin vor allem mit Trampolinspringen beschäftigt war, haben mich die damaligen Debatten ebenso geprägt wie die Erzählungen meiner Oma und die Berichte in den Amnesty-Heften, die bei uns zu Hause herumlagen. All das verstärkte eine innere Unruhe in mir und erweckte den Wunsch, über das Unrecht in der Welt zu schreiben.

Ich studierte Politik und im Nebenfach öffentliches Recht in Hamburg und wechselte später an die *London School of Economics and Political Science (LSE)*, um mich auf Europa- und Völkerrecht zu spezialisieren. Mein Studium an der LSE, an der Studierende aus der ganzen Welt meist mit beeindruckenden beruflichen Vorerfahrungen zusammenkamen, lehrte mich, wie sehr Gesetzestexte lebende Dokumente sind und sich Antworten auf Fragen des Rechts mit der Zeit weiterentwickeln.

Darauf basiert das Grundverständnis der Vereinten Nationen. Ihre Gründer*innen definierten die VN-Charta als Rahmen für die geforderte internationale Zusammenarbeit. Seither sind unzählige Bereiche, wie etwa das internationale Seerecht oder das internationale Flüchtlingsrecht, verbessert worden. Am nachhaltigsten hat die VN jedoch die Menschenrechte und deren Schutz geprägt. So war es zunächst kein Zufall, dass das Verbrechen an den Bosnierinnen in den frühen 1990ern (und erst recht an den vielen Frauen davor) die Weltgemeinschaft (bis dato ziemlich männlich geprägt) nicht wirklich kümmerte. Sexualisierte Gewalt gehörte offenbar zum Krieg dazu.

Nachdem dann Mitte der 1990er-Jahre Vergewaltigungen in den Statuten der Strafgerichtstribunale für Ruanda und das ehemalige Jugoslawien zunächst (nur) als Verbrechen gegen die Menschlichkeit und Verletzungen der Genfer Konventionen verstanden worden waren, wurde durch die weitere Rechtsprechung der Tribunale endlich klargestellt: Vergewaltigungen können auch Völkermord sein. Der Internationale Strafgerichtshof, der 2002 seine Arbeit aufnahm, deklarierte Vergewaltigung schließlich erstmalig ausdrücklich als Kriegsverbrechen. Wie hart die Durchsetzung des sich immer weiter entwickelnden Völkerstrafrechts nach wie vor ist, verdeutlicht, dass auch noch zwanzig Jahre später Menschenrechtlerinnen im Lichte der Verbrechen des IS an den Jesidinnen um die Anerkennung von Vergewaltigung als geschlechtsspezifische Kriegswaffe kämpfen.

Als ich 2019 den Jesidinnen im Flüchtlingslager nahe des nordirakischen Dohuk gegenübersaß, sagte eine von ihnen sehr leise zu mir: »Ihr wusstet auch, wohin sie uns Frauen verschleppten. Warum habt ihr nichts getan?« Die Frage trifft ins Mark. Denn es stimmt, die Welt wusste es, und 2016 hatte die Syrien-Untersuchungskommission des Menschenrechtsrats der Vereinten Nationen glasklar festgestellt, dass hier ein Völkermord geschieht. Das sind diese schwierigen Momente der Außenpolitik. In denen man entscheiden muss zwischen Pest und Cholera. Abwägen muss, was schwerer wiegt, militärisches Handeln oder Nichthandeln. Rückblickend muss man sagen: Es hat wahrscheinlich den Moment gegeben, in dem sich selbst der Iran, nach dem Einmarsch der IS-Miliz in Mossul und in den Distrikt Sindschar, nicht gegen einen internationalen Einsatz gesperrt hätte.

Wer zahlt den Preis für unseren Frieden? Dieser Frage müssen wir uns im Zweifel offen stellen. Denn es wird, das lehrt uns die Vergangenheit, auch zukünftig Situationen geben, in denen erneut das Vetorecht im Sicherheitsrat missbraucht wird, um schwere Verbrechen gegen die Menschlichkeit zu decken, und die Weltgemeinschaft vor einem Dilemma steht.

Die Vereinten Nationen haben als Richtschnur für eine menschenrechtsbasierte Außenpolitik das Konzept der Schutzverantwortung *(Responsibility to protect)* formuliert. Es verpflichtet die Staatengemeinschaft, Menschen vor schwersten Menschenrechtsverletzungen wie Verbrechen gegen die Menschlichkeit, sogenannten ethnischen Säuberungen, Kriegsverbrechen und Völkermord zu schützen, wenn ihr eigener Staat es nicht tut. Die Staaten sind zudem verpflichtet, ihre Instrumente für Prävention, Krisenreaktion und Nachsorge beziehungsweise Wiederaufbau kriegszerstörter Gesellschaften auszubauen *(Responsibility to prevent, react and rebuild)*. Dieses Prinzip der Schutzverantwortung zieht die Lehren aus dem katastrophalen Versagen der Weltgemeinschaft beim Völkermord in Ruanda 1994 und beim Massaker von Srebrenica 1995. Es versucht aber auch zu verhindern, dass Interventionen unter dem Deckmantel der Menschenrechte politische und ökonomische Interessen verfolgen. Und dass Einsätze ohne ein Konzept ziviler Krisenprävention und Nachsorge begonnen werden. All das kann man nicht theoretisch vorentscheiden. Es muss im Konkreten entschieden werden.

Ich gehe an dieser Stelle so in die Tiefen des internationalen Rechts und der Menschenrechte, weil es gerade in turbulenten Zeiten essenziell ist, sich immer wieder zu vergegenwärtigen, auf welchem Werte- und Rechtsfundament die internationalen Beziehungen und unser gemeinsames europäisches Haus stehen. Politik ist oft gezwungen, schnelle und tief greifende Entscheidungen zu treffen. Genau da sind ein werte-gebundener Kompass und eine klare Richtschnur not-wendig. Sonst reißen einen die Entwicklungen und die Zeitläufte mit, anstatt dass man sie gestaltend beein-flussen kann. Es geht dabei nicht um ein moralisch sauberes Gewissen, sondern darum, durch konkretes Handeln Leid zu mindern und Leben zu retten.

Migration und Flucht

Wie wenig präsent Fragen der Außen- und Menschen-rechtspolitik in der deutschen Debatte sind, zeigten die Diskussionen um den »Globalen Pakt für eine si-chere, geordnete und reguläre Migration« und den »Globalen Pakt für Flüchtlinge«. Unter dem Eindruck der Flüchtlingskrise in Europa arbeiteten die Verein-ten Nationen mit starker europäischer Beteiligung zwischen 2016 und 2018 diesen VN-Migrationspakt aus. Angesichts der zunehmenden Ausbeutung von Einwanderer*innen in vielen Teilen der Welt – sei es durch Schleuser*innen, Menschenhandel oder mo-derne Sklaverei – und der um sich greifenden rechts-populistischen Hetze gegen Migrant*innen formulier-ten sie eine Reihe von (unverbindlichen) Rechten für Migrant*innen und Pflichten für Staaten. Zentral sind gerade die Rechte sowie die soziale Absicherung von Menschen, die in anderen Ländern leben, arbeiten oder studieren. Der Pakt ist also auch relevant für Beschäftigte von international agierenden Firmen und für Menschen aus Deutschland, die in anderen Ländern leben, arbeiten, studieren.

Inmitten des Ringens um dieses wichtige Vertragswerk traf ich im Herbst 2018 in New York die VN-Sonderbeauftragte für Internationale Migration Louise Arbour, die die Verhandlungen leitete. Die Kanadierin war zuvor Hochkommissarin für Menschenrechte bei den Vereinten Nationen und, so schließt sich manchmal der Kreis, unter anderem auch Chefanklägerin der Internationalen Strafgerichtstribunale für Ruanda und das ehemalige Jugoslawien. In unserem Gespräch in einem dieser typischen engen und schlichten Büros in den VN-Nebengebäuden, abgehängte Decken, Neonröhren, kamen Arbour und ich immer wieder auf die entscheidende Rolle Europas und speziell Deutschlands für den Pakt zu sprechen. Denn Deutschland hatte gemeinsam mit Marokko den Vorsitz inne und arbeitete zwischen 2017 und 2018 im Rahmen von mehreren Veranstaltungen des *Global Forum on Migration and Development* (GFMD) Empfehlungen für den Global Compact aus.

Der Pakt knüpft an die Genfer Flüchtlingskonvention an, die 1951 unter dem Eindruck der Menschheitsverbrechen des NS-Regimes beschlossen wurde. Seit Ende der 1930er-Jahre hatten Menschen, die aus Nazi-Deutschland zu entkommen versuchten, oft keinen sicheren Hafen mehr gefunden. Wie etwa die mehr als 900 Passagiere auf der sogenannten Irrfahrt der *St. Louis* im Frühjahr 1939. Sie waren nach Kuba aufgebrochen, und die meisten von ihnen hofften auf eine Einreisegenehmigung in die USA. Doch sie scheiterten an den Quotenregelungen des dortigen Einwanderungsgesetzes: Die US-Regierung wies das Schiff ab und zwang die Geflüchteten, darunter viele Jüdinnen und Juden, nach Europa zurückzukehren. Zwar konnten manche von ihnen sich nach Großbritannien retten, doch die meisten wurden im Holocaust ermordet. Es sind die zahllosen grauenvollen Fluchtschicksale wie das der Menschen auf der *St. Louis*, die nach 1945 die Weltgemeinschaft bewogen, sich auf eine gemeinsame humanitäre Basis für den Umgang mit Geflüchteten zu einigen.

Doch trotz dieser völkerrechtlichen Vorgeschichte kochten die Wellen über den Globalen Pakt in Deutschland hoch, während mir Louise Arbour in New York ihre Dankbarkeit darüber versicherte, dass wir ein so verlässlicher Partner bei der Stärkung internationalen Rechts seien. Es beschämte mich deshalb tief, wie die Bundesregierung bei der Vermittlung des Abkommens – obwohl nicht mal rechtlich bindend – im eigenen Land vor den Populisten, aber auch vor dem rechten Flügel der CDU/CSU kuschte und sich einschüchtern ließ. Eine große Boulevardzeitung legte dem Auswärtigen Amt einen ganzen Katalog von suggestiven Fragen vor, die alle auf die These abzielten, Deutschland kündige mit diesem Abkommen seine »nationale Souveränität« auf. »Der Globale Pakt geht nicht auf die negativen Folgen von Migration ein. Warum?«, lautete die Frage der Zeitung dazu. Und das Auswärtige Amt war kleinmütig genug, darauf wie ein verzagtes Schulkind zu reagieren, anstatt der Redaktion in der Antwort selbstbewusst die großen Linien aufzuzeigen.

Zumindest die Bundeskanzlerin fand dann doch die richtigen Worte. In der Generaldebatte im Bundestag am 21. November 2018 sagte Angela Merkel: »Wenn man zu denen gehört, die glauben, sie könnten alles allein lösen und müssten nur an sich denken: Das ist Nationalismus in reiner Form. Das ist kein Patriotismus; denn Patriotismus ist, im deutschen Interesse auch andere mit einzubeziehen und Win-win-Situationen zu akzeptieren.« Es erinnerte mich zugleich an ihre historische Aussage vom September 2015: »Wenn wir jetzt anfangen, uns noch entschuldigen zu müssen dafür, dass wir in Notsituationen ein freundliches Gesicht zeigen, dann ist das nicht mein Land.«

Die Rede der Kanzlerin kam jedoch mindestens zwei Jahre zu spät. Zuvor hatte es ihre Bundesregierung versäumt, die Öffentlichkeit über den Pakt aufzuklären. Schlimmer noch, Regierungsmitglieder wie der Innenminister spielten 2018 selbst auf der populistischen Klaviatur, und der bayrische Ministerpräsident wollte den »Asyltourismus« beenden.

Was die Regierung vermissen ließ, war, ihre Flüchtlingspolitik immer wieder zu erklären. Eine starke politische Führung muss die Motive für ihre politischen Entscheidungen offenlegen – gerade in Krisensituationen. Erscheinen Regierungen rat- und planlos, schlägt die Stunde der Demagog*innen. Sie haben dann leichtes Spiel, die öffentliche Debatte zu vergiften. Und das, obwohl sich die Mehrheit in der Bevölkerung zu jeder Zeit weltoffen und solidarisch zeigte und gegen die demokratiefeindlichen Kräfte stellte. Die meisten Menschen in unserem Land wollen eine Regierung, die Humanität und Stabilität zusammenbringt. Sie wissen sehr wohl, dass manche Dinge komplex sind und nicht für einfache Lösungen taugen. Sie denken über globale Fragen nach und reden darüber auch am Abendbrottisch mit ihren Lieben. Aber die meisten Menschen wollen eben auch, dass es dann vor Ort, in der Kommune, mit den Mitteln zur Integration, wie Sprachkursangeboten, funktioniert.

Die vergangenen Jahre der zum Teil unwürdigen Auseinandersetzungen über die Flüchtlingspolitik zeigen, wie wichtig es ist, als verantwortliche Regierungspartei zu wissen, welche Haltung man geschlossen vertritt. Denn eine menschenrechtsbasierte Außenpolitik bedeutet, sie nicht nur von anderen einzufordern, sondern auch, sich selbst daran zu messen. Artikel 1 der Allgemeinen Erklärung der Menschenrechte (»Alle Menschen sind frei und gleich an Würde und Rechten geboren«) spiegelt sich in unserem Artikel 1 des Grundgesetzes wider. Das ist Leitbild meiner Politik. Auch in der Flüchtlingspolitik.

Ja, wir können die vielen Widersprüche und Grenzen außen-, entwicklungs- und sicherheitspolitischen Handelns nicht vollends auflösen. Wir können uns aber auch nicht der Verantwortung entziehen. In keinem anderen Bereich scheitern die europäischen Regierungen derart an den eigenen Ansprüchen. Und in keinem anderen Bereich führt dieses Nichthandeln zu so viel Chaos und Leid.

Humanität und geordnete Strukturen bedingen einander. Das sehen wir auf Lesbos, und das haben wir auch Anfang 2020 beobachten können, als Präsident Recep Tayyip Erdoğan Geflüchtete in Bussen an die Grenze bringen ließ und sie zum Übertritt ermunterte. Dieses menschenverachtende Spiel funktionierte vor allem deshalb, weil die EU in Angst und Schrecken verfiel. Wie mehrere europäische Medien herausfanden, schoss die griechische Polizei mit scharfer Munition und tötete dabei mutmaßlich mindestens eine Person. Keine europäische Öffentlichkeit beklagte anschließend die Geschehnisse, keine Kommission und kein Rat leiteten eine offizielle Untersuchung ein, auch die griechischen Behörden und die griechische Regierung blieben tatenlos. Stattdessen bezeichnete die EU-Kommission Griechenland in jenen Tagen als »Schild Europas«. Dieser Schutzschild war das Gegenteil des europäischen Wertekanons.

Zum Wesen einer Grenze gehört, sie rechtsstaatlich zu kontrollieren und sie legal passieren zu können. Die Europäische Menschenrechtskonvention garantiert auch Schutzbedürftigen einen effektiven Zugang über Einreisewege. Um zu verhindern, dass in den nächsten fünf Jahren erneut 18 000 Menschen im Mittelmeer ertrinken und Menschen auf europäischem Boden in wetteruntauglichen Zelten von verdorbenen Speisen leben müssen, braucht es jetzt vor allem Rationalität und Handlungswillen sowie den Pragmatismus der Nothilfe.

Als das Flüchtlingslager Moria auf Lesbos, das schon zuvor ein Ort des Grauens und eine Schande für Europa war, im September 2020 abbrannte – zu jenem Zeitpunkt hausten dort 13 000 Menschen, obwohl das Zeltlager nur für 2800 Menschen ausgerichtet war –, wollte die Bundesregierung zunächst nur 150 unbegleitete Minderjährige aufnehmen. Auf Druck der Zivilgesellschaft und der Opposition bekundete sie dann die Absicht, zusätzlich gut 400 Familien in Deutschland aufzunehmen. Erst im April 2021 sind alle Menschen, denen die Bundesregierung eine Aufnahmezusage gemacht hatte, in Deutschland angekommen.

Bereits Ende 2015 legten zwei EU-Ratsbeschlüsse verbindlich fest, dass 106 000 geflüchtete Menschen, die sich in Griechenland und Italien aufhielten, auf andere EU-Mitgliedsstaaten umgesiedelt werden sollen. Davon erreichten allerdings nur 34 000 Menschen die EU-Staaten. Auch Deutschland bleib weit unter seinen Zusagen. Obwohl es im zweiten Halbjahr 2020 die EU-Ratspräsidentschaft innehatte, wurden weiter keine Schritte hin zu einer längst überfälligen gemeinsamen europäischen Flüchtlingspolitik unternommen.

Im Lager Kara Tepe, das nach dem Brand von Moria auf einem alten, munitionsverseuchten Militärgelände eingerichtet wurde, leben nun weiterhin etwa 7000 Menschen, ein Drittel davon Kinder. Sie hausen dort unter unmenschlichen Bedingungen in Zelten ohne Strom und Heizung, auf bleivergiftetem Boden, der bei Regen aufschwemmt und die Zelte flutet, bei unzureichender Versorgung, viel zu wenigen sanitären Anlagen und ohne jede Perspektive. Es gibt Berichte über Kinder, die aufhören zu sprechen oder apathisch den Kopf an Zeltwände schlagen. Ich frage mich immer wieder, wie würden meine Töchter reagieren, wenn sie in diesem Zeltlager der Inhumanität überwintern müssten? Wann würde ich aufgeben und nicht mehr sagen: Kommt, lasst uns aufstehen und ein paar Mathe-Aufgaben rechnen?

Die Lösung des Elends an den EU-Außengrenzen hängt an einer einzigen Frage: Können sich die Regierungen der EU-Staaten an den Außengrenzen darauf verlassen, dass ihnen andere EU-Staaten Asylsuchende abnehmen und sie nicht allein die enorme gesellschaftliche Aufgabe der Integration schultern müssen? Seit Jahren schiebt die EU eine gerechte Lösung vor sich her – und verschlimmert auf diese Weise das Problem immer mehr.

Was ich deshalb vorschlage, ist ein doppelter Paradigmenwechsel, um endlich eine Lösung zu ermöglichen. Es geht zum einen darum, Menschen nicht weiter in solch menschenunwürdige Situationen zu zwingen. Zum anderen müssen wir uns von dem Dogma verabschieden, dass bei der Verteilung der Geflüchteten in Europa alle EU-Staaten mitmachen. Wir werden nur zu humanen und geordneten Verfahren an den europäischen Außengrenzen kommen, wenn einige Staaten sich mit Italien, Griechenland und Spanien zusammentun und gemeinsam vorangehen. Ich will, dass Deutschland bei der Verteilung feste Zusagen macht und so mit den Mitgliedsländern vorangeht, die wie wir der Meinung sind, dass man etwa Länder wie Griechenland oder Italien nicht alleinlassen darf. Das würde konkret bedeuten, dass wir die sicheren und gesteuerten Fluchtwege aus Krisengebieten, Flüchtlingslagern und Drittstaaten ausweiten, etwa über Kontingente, Resettlement und Familienzusammenführung. Und dass alle Menschen, die in den Staaten mit EU-Außengrenzen ankommen, erstversorgt und registriert und dann zügig auf die aufnehmenden Staaten und in die Regionen mit Kapazitäten verteilt werden. Diese Staaten bekämen für ihre Bereitschaft, die Asylverfahren der Menschen durchzuführen und sie bei positivem Ausgang in ihren Gesellschaften zu integrieren, finanzielle Unterstützung aus einem EU-Fonds, in den alle Mitgliedsländer einzahlen. Sollten Asylanträge abgelehnt werden, sorgen die Mitgliedstaaten mithilfe von fairen Rückführungsabkommen zusammen mit den Herkunftsstaaten dafür, dass die Menschen zurückkehren oder zurückgeführt werden.

Eine wichtige Lehre aus der Geschichte der europäischen Einigung lautet: Europa wächst in Wellen. Großen Fortschritten bei der Integration sind immer wieder tiefe Krisen der Gemeinschaft vorausgegangen. Überwunden wurden sie nur, indem sich einige zusammentaten und den Mut und die politische Leidenschaft aufbrachten, etwas Neues zu beginnen. So ist die Europäische Union entstanden, und so sind in der mittlerweile über sechzigjährigen Geschichte dieser wachsenden Gemeinschaft fast alle entscheidenden Schritte getan worden. Auch die Schengener Abkommen, mit denen die Grenzkontrollen innerhalb

189

der EU wegfielen, begannen als Projekt einer kleineren Staatengruppe – die ersten Länder des Schengen-Raums waren 1995 Deutschland, Frankreich, die Niederlande, Belgien, Luxemburg, Portugal und Spanien; und bis heute gehören ihm nur 22 von inzwischen 27 Mitgliedstaaten an.

Ein weiteres Beispiel ist der Euro als Gemeinschaftswährung, den ja nur die Länder der Eurozone übernommen haben. Hier setzte sich Bundeskanzler Helmut Kohl mit seiner Entscheidung bewusst über die öffentliche Meinung in Deutschland hinweg. Wir tun gut daran, uns das ins Gedächtnis zu rufen. Es war einer der Momente, in denen politisches Verantwortungsbewusstsein sich darin zeigte, nicht eine gerade vorherrschende Stimmung zum Maßstab des Regierungshandelns zu machen, sondern stattdessen die Zukunft fest im Blick zu halten.

Eine solche Initiative mit Weitblick und Verantwortungsbewusstsein hat es durchaus in den letzten Jahren auch in Europa gegeben. Die Einigung Griechenlands mit Nordmazedonien im jahrzehntelangen Namensstreit konnte nur erreicht werden, weil zwei Ministerpräsidenten und ihre Außenminister bereit waren, ihr komplettes politisches Kapital unter vollem Risiko für das größere Ganze einzusetzen. Das so im Herbst 2018 verabschiedete Prespa-Abkommen brachte Frieden in einen Namensstreit, der gut ein Vierteljahrhundert brodelte. Seitdem nennt sich die ehemalige jugoslawische Teilrepublik Nordmazedonien. Im Gegenzug hat Griechenland die Aufnahme des Nachbarn in die NATO und EU offiziell unterstützt.

Was so easy klingt, war keineswegs leicht. Der damalige griechische Ministerpräsident Alexis Tsipras und sein nordmazedonischer Amtskollege Zoran Zaev mussten vor der Einigung erhebliche innenpolitische Widerstände überwinden, im Parlament und auch in der Öffentlichkeit. Alexis Tsipras überstand ein Misstrauensvotum, in Nordmazedonien scheiterte zunächst ein Referendum über das Abkommen an zu geringer Beteiligung. Diesen politischen Kraftakt fasste Alexis Tsipras bei der Münchner Sicherheitskonferenz im Februar 2019 wie folgt zusammen: »*Leadership is a matter of creating opportunities for the generations to come to a prosperous future. History must not be written by those who invest in fear and division. It should be written by those who have the courage and strategic vision to rise to the occasion.*«

Umrisse einer transatlantischen Agenda

Um die internationale Ordnung zu stärken, sind wir auf politische Bündnisse mit anderen Staaten angewiesen, die ähnliche Wertvorstellungen von internationaler Zusammenarbeit haben wie wir. Ein Bündnis mit den Vereinigten Staaten ist dafür eine wichtige Voraussetzung. Wir verdanken den USA, dass sich die Bundesrepublik demokratisch, friedlich und prosperierend entwickeln konnte, die Ermöglichung der Wiedervereinigung sowie die Unterstützung und Absicherung des europäischen Einigungs- und Friedensprojekts.

Jetzt geht es darum, gemeinsam eine neue Agenda für das 21. Jahrhundert umzusetzen.

Sowohl die USA als auch Europa waren die letzten Jahre von inneren Auseinandersetzungen geprägt, beide verloren in dieser Zeit zudem an weltweitem Einfluss. Doch nirgendwo steht geschrieben, dass es so weitergehen muss. Wir haben eine lange gemeinsame Tradition, und die derzeitigen Aufgaben sind gewaltig. Die Wahl von Joe Biden und Kamala Harris ist eine historische Chance. Es ging dabei um nicht weniger als um die Bewahrung der liberalen Demokratie in den USA. Wir haben erlebt, was es bedeutet, wenn der amerikanische Präsident der EU und Deutschland feindselig gegenübersteht.

Mein letzter politischer Besuch in den USA war inmitten der Trump-Zeit, im Herbst 2018. Die Zerrissenheit des Landes war förmlich greifbar. Am 11. September nahm ich in New York an einer Gedenkzeremonie für die Opfer der Terroranschläge von 2001 teil, vor der St. Pauls-Kapelle, der ältesten Kirche in Manhattan, direkt neben dem Standort des World Trade Center. Ein Tag der Trauer und des Gedenkens an die Opfer dieser furchtbaren Anschläge auf unsere offenen Gesellschaften. Aber auch ein Tag der Dankbarkeit für die Selbstlosigkeit der Hilfskräfte und der ehrenamtlichen Zivilgesellschaft, die in dieser Kirche Ruheräume und kostenlose Mahlzeiten in den Monaten nach den Anschlägen bereitgestellt hatten.

Während in New York in jenen Tagen daran gearbeitet wurde, den Migrationspakt international auf die Beine zu stellen, versuchte die Trump-Regierung, ihn auszuhebeln. Es ging dabei nicht um die konkreten Inhalte des Paktes, das wurde bei anschließenden Gesprächen im Weißen Haus und im Außenministerium in Washington deutlich. Es ging, wie schon beim Pariser Klimaabkommen oder später beim angekündigten Austritt aus der WHO, um einen weiteren Kahlschlag internationaler Regelungen mit dem Zweck, daraus innenpolitisch Kapital zu schlagen.

Glücklicherweise nahmen sich nicht alle daran ein Beispiel. Der kalifornische Gouverneur Jerry Brown etwa hatte Regionen, Städte und andere dezentrale Akteur*innen zu einer Klimakonferenz nach San Francisco eingeladen, um das Momentum des Pariser Klimaabkommens trotz Trumps Austritt aufrechtzuerhalten. Brown hatte diese Initiative, die sogenannte *Under-2-Coalition*, 2015 gemeinsam mit Winfried Kretschmann initiiert, der auch in San Francisco war. Ich erinnere mich lebhaft an ein Mittagessen am Rande der Konferenz mit Gina McCarthy, der ehemaligen Leiterin der Umweltschutzbehörde Barack Obamas. Die Entschlossenheit, Kraft und Ruhe dieser Frau beeindruckten mich nachhaltig und gaben mir Zuversicht, die USA könnten wieder zurückkehren in den Kreis der klimapolitisch engagierten Staaten und der Freunde Europas. Seit Frühjahr 2021 ist Gina McCarthy nun verantwortlich für die Koordination der Klimapolitik der neuen US-Administration. Und die USA sind mitten in einer neuen, demokratischen Aufbruchsphase.

Die Präsidentschaft von Joe Biden wird die tiefen gesellschaftlichen und demokratischen Wunden der letzten Jahre nicht so schnell heilen können. Die politische Spaltung der amerikanischen Gesellschaft ist über mehr als eine Generation gewachsen. Ihr zu begegnen ist daher ebenfalls eine Generationenaufgabe und braucht das Engagement aller politischen und gesellschaftlichen Kräfte. Neben der Notwendigkeit, die Demokratie krisenfest zu machen, hat Präsident Biden deutlich gemacht, dass sich demokratische Politik daran messen lassen muss, ob sie die drängenden Probleme der Menschen lösen kann.

Das beginnt mit der erfolgreichen Bekämpfung der COVID-19-Pandemie und ihrer Nachwirkungen. Außerdem wird das wichtigste Ziel sein, gerecht und nachhaltig aus der Krise herauszuwachsen. Präsident Biden hat dies unter das Motto »Build Back Better« gestellt. Es geht auch hier um einen wirtschaftlichen Neuanfang, der Klimapolitik und soziale Gerechtigkeit ins Zentrum stellt. Der Wiederaufbau soll mit enormen öffentlichen Investitionen angetrieben werden, ein großer Teil davon soll in öffentliche Infrastruktur mit besonderem Blick auf wirtschaftliche benachteiligte Regionen und Bevölkerungsteile fließen.

Ob das alles gelingen wird, ist noch unsicher. Klar ist aber, dass sich die USA programmatisch von der jahrzehntelangen Leitfigur des schmalen Staates verabschieden. Dazu gehört, dass höhere Steuern für Unternehmen und die wohlhabendsten Menschen nicht mehr politisch tabu sind. Und dass der Sozialstaat gefestigt und ausgebaut werden soll – durch eine Art Kindergrundsicherung, landesweite bezahlbare Kinderbetreuung, stärkere Unterstützung für Arbeitssuchende, eine Erweiterung des bezahlbaren Zugangs zum Gesundheitssystem und neue Bildungsperspektiven für Millionen Menschen. Damit wird das Sozialstaatsverständnis der USA dem europäischen immer ähnlicher.

Die Wirtschafts- und Finanzkrisen der letzten Jahrzehnte, die Pandemie und die Klimakrise haben auf beiden Seiten des Atlantiks deutlich gemacht, dass langfristige Krisenvorsorge zur Kernaufgabe von demokratischen Regierungen gehört. Und dass der Zustand unserer Demokratien sich auch daran bemisst, wie wir mit Mitbürger*innen umgehen, die am meisten auf staatliche Leistungen angewiesen sind. Eine gestärkte Europäische Union und eine demokratisch stabilisierte USA können zu einem neuen Taktgeber und Gestalter einer gerechten, nachhaltigen und freiheitlichen Weltordnung werden.

Solch eine Agenda muss sich an erster Stelle daran messen lassen, ob sie eine angemessene Antwort auf die Klimakrise gibt. Deshalb sollte im Mittelpunkt der neuen transatlantischen Partnerschaft eine Allianz für Klimaneutralität stehen, wie ich sie im Kapitel »Verändern, um es besser zu machen« bereits beschrieben habe. Das Ziel sollte sein, eigene nachhaltige und demokratische Modelle zu entwickeln sowie globale Lieferketten für die Technologien der Zukunft zu sichern. Aber auch China sollte hierbei konstruktiv eingebunden werden. Es liegt nicht zuletzt an uns, die ärmsten und am meisten vom Klimawandel betroffenen Länder zu unterstützen, zum Beispiel im Rahmen der Klimafinanzierung.

Freiheit und Selbstbestimmung

Im globalen Systemwettbewerb kommt es entscheidend darauf an, dass eine gute Zusammenarbeit zwischen Europa und den USA gelingt. Hierbei geht es darum, gemeinsam für Rechtsstaatlichkeit, Menschenrechte und Demokratie einzutreten sowie eine regelbasierte und freiheitliche internationale Ordnung zu bewahren, von der gerade Deutschland als exportorientierte Wirtschaft so abhängig ist.

Worum es nicht geht, ist unser Modell der liberalen Demokratie weltweit zu exportieren. Wir wissen nicht immer alles besser. Aber es liegt an uns, Solidarität zu üben mit den Menschen und den gesellschaftlichen Akteur*innen, die weltweit ihr Recht auf Selbstbestimmung und grundlegende Freiheiten einfordern. Es geht deswegen nicht nur um neue Bündnisse demokratischer Regierungen, sondern auch um globale Bündnisse demokratisch gesinnter gesellschaftlicher Kräfte.

Auch innerhalb unserer Länder werden demokratische und rechtsstaatliche Prinzipien seit Längerem von innen heraus angegriffen. Nicht umsonst versucht die EU, gegen den Abbau einer unabhängigen Justiz in Polen oder die Einschränkung einer freien Presse in Ungarn vorzugehen. Europa und die USA sollten dies zum Anlass nehmen, eine gemeinsame Agenda für widerstandsfähige Demokratien vorzulegen, die die Stärkung demokratischer und rechtsstaatlicher Standards im Inneren sowie Abwehrmechanismen gegenüber autoritären Staaten zum Ziel hat. Gemeinsame Initiativen für eine bessere globale Governance wie der

von Präsident Biden initiierte »*Summit for Democracy*«
oder die Erweiterung der G7 um weitere Demokratien
sind hier gute Anknüpfungspunkte.

Innovation

Das 21. Jahrhundert wird machtpolitisch davon geprägt
sein, wer im Rennen um digitale Zukunftstechnologien
die Nase vorn hat. Als offene Gesellschaften sind liberale Demokratien wie die EU-Mitgliedstaaten und die USA
hier gut aufgestellt. Wir gewährleisten die Freiheit der
Wissenschaft, haben freie und große Märkte und sind
offen für die klügsten Köpfe der Welt. Die Diversität
und Offenheit unserer Gesellschaften sind eine Grund-
voraussetzung für ein erfolgreiches Innovationsklima.

Gleichzeitig ist die Aufgabe demokratischer Politik,
dafür Sorge zu tragen, dass Technologien den Menschen, der Gesellschaft und dem Planeten zugutekommen. Bei der Technologieentwicklung als auch bei der
politischen Rahmensetzung der Digitalisierung liegt
ein großes transatlantisches Kooperationspotenzial.
Wir können gemeinsame Standards für künstliche
Intelligenz und Innovation etablieren und deren Entwicklung stärker vorantreiben.

Technologische Innovation lebt auch von einem
lebendigen Wettbewerb. Sowohl im US-Kongress als
auch in der EU gibt es Bestrebungen, die innovations-
feindliche Marktmacht der großen Internetmonopole
zu begrenzen. Hier sollte eine transatlantische Initiative ansetzen. Auch die angemessene Besteuerung digi-

taler Konzerne ist hierbei wichtig. Das setzt vor allem voraus, dass die nächste Bundesregierung eine europäische Besteuerung von Plattformumsätzen vorantreibt. Die Bekämpfung von Falschinformationen und von Hass im Netz kann ebenfalls im Rahmen der rechtlichen Möglichkeiten gemeinsam angegangen werden. So ähnelt die kalifornische Privatisierungsgesetzgebung für die digitale Welt etwa der EU-Gesetzgebung zum Schutz der Privatsphäre im Netz. Präsident Biden hat bereits signalisiert, in diesem wichtigen Bereich den Europäer*innen die Hand zu reichen. Mit dem *Digital Services Act* (DSA) der EU gibt es einen Ansatz zur Regulierung von digitalen Plattformen, der zum internationalen Standard werden kann.

Sicherheit gewährleisten

Der sicherheitspolitische Fokus der USA wird sich auch mit Präsident Biden nicht wieder zuvorderst auf Europa richten. Die EU und ihre Mitgliedstaaten müssen selbst mehr außen- und sicherheitspolitische Verantwortung übernehmen. Innerhalb der EU, aber auch innerhalb der NATO brauchen wir vor diesem Hintergrund eine vertiefte Debatte über die künftige strategische Ausrichtung des Bündnisses und ein neues, breiteres Konzept der Lastenteilung. Die 21 EU-Staaten stellen die deutliche Mehrheit der dreißig Mitglieder starken Nordatlantikpakt-Organisation, der heute Albanien, Belgien, Bulgarien, Dänemark, Deutschland, Estland, Frankreich, Griechenland, Island, Italien, Kanada, Kroatien, Lettland, Litauen, Luxemburg, Montenegro, die Niederlande, Nordmazedonien, Norwegen, Polen, Portugal, Rumänien, die Slowakei, Slowenien, Spanien, die Tschechische Republik, Türkei, Ungarn, das Vereinigte Königreich und die Vereinigten Staaten von Amerika angehören. Ich sehe daher nicht nur eine strategische Verantwortung, sondern klar ist auch, dass der europäische Beitrag an der Lastenteilung gestärkt werden muss, beispielsweise über den Aufbau eines Europäischen Cybersicherheits-Zentrums.

Wir sollten uns zudem einem intensiveren Dialog zur Sicherheitslage im Indopazifik nicht verschließen. Die Stabilität in dieser Region, die die Weltordnung prägt, ist in unser aller Interesse. Schließlich ist es Zeit für eine neue gemeinsame Abrüstungs- und Rüstungskontrollinitiative, die neben Russland auch China einschließen und nukleare wie konventionelle Rüstung betreffen sollte.

Abrüstung, Rüstungskontrolle und die Nichtverbreitung von Waffen sind und bleiben wesentliche Pfeiler jeder Friedenspolitik. Das gilt insbesondere für Massenvernichtungswaffen. Das humanitäre Völkerrecht unterscheidet sehr bewusst beim Einsatz von Waffengewalt zwischen Kombattanten, also Soldaten, und Zivilisten, und ob die Verhältnismäßigkeit des Angriffs gewahrt werden kann. Massenvernichtungswaffen können dazwischen eben nicht unterscheiden. Sie treffen alle. Meine Vision ist nichts Geringeres als eine atomwaffenfreie Welt.

Aber hehre Ziele auf Papier allein rüsten nicht ab. Für Schritte zur Verringerung der Atomwaffen in Europa muss hart gearbeitet werden, gemeinsam mit den internationalen und europäischen Partnern. Gerade wir als Deutsche tragen eine besondere Verantwortung für die europäische Sicherheit, insbesondere unseren baltischen und polnischen Nachbarn gegenüber. Die Debatte über die Verringerung von Atomwaffen – und damit auch über den Abzug der US-Waffen in Deutschland – muss daher eingebettet sein in die sicherheits-, rüstungskontroll- und allianzpolitischen Verpflichtungen unseres Landes.

Dafür öffnet sich gerade ein Möglichkeitsfenster. Präsident Biden und Präsident Putin haben in ihrem ersten Telefonat den Atomwaffenreduktionsvertrag NEW START verlängert. In vier Jahren wird die nächste Überprüfungsperiode des nuklearen Nichtverbreitungsvertrags abgeschlossen. Wir sollten dieses *Window of Opportunity* gemeinsam nutzen und uns in die beste aller NATO-Traditionen, die auf Sicherheit und Dialog setzende Harmel-Doktrin, stellen, das heißt, dem Kreml konkrete, verbindliche Schritte vorschlagen, die beide Seiten in den nächsten vier Jahren gehen könnten.

Konkret: Russland verpflichtet sich endlich dazu, Transparenz über seine Zentrallager und den Transport von Sprengköpfen zu schaffen und keine neuen landgestützten nuklearfähigen Kurz- und Mittelstreckenraketen im europäischen Teil des Landes mehr zu stationieren. Im Gegenzug würde sich die NATO verpflichten, bis 2025 keine landgestützten Mittelstreckenwaffen in Europa zu stationieren und auf die Erstschlagoption zu verzichten.

Globale Institutionen stärken

Eine freiheitliche Weltordnung kann es nur auf der Basis gemeinsamer Regeln geben, die für alle gelten. Und eine effektive Politik zur Bewältigung globaler Herausforderungen braucht starke multilaterale Institutionen. Aktuell aber werden vereinbarte Regeln immer wieder mit Füßen getreten, und multilaterale Institutionen durch mächtige Regierungen allzu oft im Inneren ausgehöhlt.

Die EU und die USA können eine wesentliche Rolle dabei spielen, beides zu stärken – verbindliche Regelwerke und die sie stützenden Institutionen. So haben wir auch die Möglichkeit, rechtsstaatliche, soziale und ökologische Standards zu setzen. Das betrifft vor allem die Vereinten Nationen und die internationalen Finanzinstitutionen. Dies ist umso wichtiger, um in globalen Krisenfällen erfolgreich reagieren zu können, vom UN-Flüchtlingshilfswerk bis hin zum Internationalen Währungsfonds. Nachdem Präsident Biden Amerikas Rückkehr in die WHO eingeleitet hat, sollte die EU eine transatlantische Initiative zur Reform und Stärkung der WHO vorschlagen.

Parallel sollten die EU und die USA die Zusammenarbeit mit gleichgesinnten Staaten verbessern, um die Widerstandsfähigkeit gegen zukünftige Pandemien zu erhöhen. Dazu gehören eine Stärkung der staatlichen Gesundheitssysteme sowie die gemeinsame Produktion und solidarische und globale Verteilung von medizinischer Ausrüstung, Medikamenten und Impfstoffen.

Um all diese Punkte einer neuen transatlantischen Agenda umsetzen zu können, ist aber Voraussetzung, dass wir Europäer*innen unsere Position definieren: als Wertegemeinschaft, die auf Freiheit, sozialer Gerechtigkeit und Rechtsstaatlichkeit gebaut ist. Der Trumpismus ist mit Trumps Abwahl nicht verschwunden. Es lässt sich nicht schönreden, dass rund 74,2 Millionen US-Bürger*innen für Trump gestimmt haben. Die national fokussierte Politik wird die USA, vor allem im US-Kongress, weiter umtreiben.

Eine der ersten außenpolitischen Aktionen unter der neuen Administration war es, zu bekräftigen, man werde am Sanktionsgesetz gegen Nord Stream 2 weiter festhalten, das vom US-Kongress mit parteiübergreifender Mehrheit verabschiedet wurde. Völkerrecht hin, europäisches Recht her. Bekanntermaßen stehe ich diesem Projekt mehr als kritisch gegenüber. Diese Pipeline war seitens Russlands nie energiepolitisch, sondern immer geopolitisch motiviert. Das Ziel ist die Umgehung der Ukraine und Osteuropas, es sind nicht die Gaslieferungen nach Westeuropa. Die massive Unterstützung der großen Koalition bei diesem geostrategischen Prestigeprojekt des Kremls konterkariert die europäische Haltung zum Schutz der Ukraine und darüber hinaus die europäische Energiepolitik.

Doch der Vorgang der neuen US-Administration weist weit über die Leitung durch die Ostsee hinaus. Ebenso verkündeten die USA im Frühjahr 2021 die Vorbereitung von Strafzöllen gegen mehrere EU-Mitgliedstaaten, die digitale (US-)Plattformen mit Steuern belegt haben. Europa muss diese geoökonomischen

Interessen ernst nehmen. Natürlich muss eine neue transatlantische Agenda auch in Feldern von strategischer Bedeutung wie Energie, Digitalisierung oder Finanzindustrie gelten, gerade wenn man sich auf die Fahne schreibt, im Systemwettbewerb gemeinsam auf der Seite der liberalen Demokratien zu stehen.

Das transatlantische Verhältnis kann im 21. Jahrhundert nur tragen, wenn wir mehr Verantwortung übernehmen und uns – ohne Konfrontation – aus dem Abhängigkeitsverhältnis mit Amerika lösen, um auf Augenhöhe zu agieren. George Bush senior hat Deutschland schon 1991 ein solches »Partners in Leadership« angeboten. Für die frisch wiedervereinigte Bundesrepublik war das damals allerdings zu Recht nicht denkbar. Aber heute, in einer sich verändernden Welt, ist es die zentrale Frage: Sind wir bereit, mehr Verantwortung zu tragen? Wir als Europäer*innen? Deutsche Außenpolitik muss eine europäische sein. Und andersherum gilt: Ohne das stärkste europäische Industrieland wird es kein Europa geben, das als Macht im 21. Jahrhundert seine Werte und Interessen vertreten kann. Unsere Zukunft ist Europa.

Strategische Souveränität

Um in dieser vernetzten Welt auf Augenhöhe agieren und im Wettbewerb mit China und den USA mithalten zu können, muss die Europäische Union handlungsfähiger werden. Das ist weniger eine militärische Frage als eine ökonomische und technologische Aufgabe. In

Sonntagsreden heißt es seit Längerem, Europa solle »strategische Autonomie« anstreben. Ich halte das nicht für die richtige Richtung, denn es klingt nach Alleingang, und darum geht es ja gerade nicht. Deshalb ziehe ich den Begriff der strategischen Souveränität vor. Europas Stärke liegt seit jeher in der Fähigkeit, durch die Zusammenarbeit mit anderen die eigenen Kräfte zu maximieren und auszubauen. Strategische Souveränität heißt für mich nicht, nach Abschottung oder Autarkie zu streben, sondern nach Kooperation, wo immer möglich, und eigenständigem Handeln, wo immer nötig.

Auch nach dem Brexit bleibt die EU der größte Binnenmarkt der Welt. Aus sich selbst heraus hat Europa damit eine enorme ökonomische Kraft, die es in die Lage versetzt, eigene Standards und Normen zu festzulegen. Dies gilt insbesondere für die digitale Welt, in der die EU in Regulierungsfragen voranschreitet und dabei den Schutz der Privatsphäre und den fairen Wettbewerb, wie erwähnt, in den Mittelpunkt rückt.

Diesen Weg werden wir aber nur beschreiten können, wenn die EU die eigene institutionelle Weiterentwicklung nicht vernachlässigt. »Europa ist wie ein Fahrrad. Man muss es in Bewegung halten – sonst fällt es um.« Dieser Satz wird dem großen Europapolitiker Jacques Delors zugeschrieben, in dessen Amtszeit als Präsident der EU-Kommission der Vertrag von Maastricht und die entscheidenden Schritte zur Schaffung des Europäischen Binnenmarkts fielen. Delors' politische Arbeit hatte wesentlichen Anteil an der Überwindung der als »Eurosklerose« bekannten Stagnation der europäischen Einigung in den 1970er- und 1980er-Jahren. Es würde zu weit gehen, das aktuelle Stocken der Integrationsprozesse auf unserem Kontinent zu einer Krise ähnlichen Ausmaßes zu erklären. Wir tun gut daran, uns das Bild vom Fahrrad, das in Bewegung bleiben muss, ins Gedächtnis zu rufen und es nicht allein auf Europa als Wirtschaftsgemeinschaft zu beziehen, sondern ebenso auf Europa als Wertegemeinschaft. Insbesondere in einer Zeit, in der die Frage des »Systemwettbewerbs« wieder an Aktualität gewinnt und sich die politischen Rahmenbedingungen um Europa herum ändern.

Wie schnell dies gehen kann, wurde beim Atomabkommen mit dem Iran (JCPOA) deutlich. Nachdem die USA unter Präsident Trump den Rückzug aus dem über Jahre hinweg verhandelten Abkommen erklärt hatten, blieben der EU kaum Hebel, die getroffenen Vereinbarungen aufrechtzuerhalten. Die USA drohten mit hohen Geldstrafen oder dem Ausschluss vom US-amerikanischen Markt, und die verhängten US-Sanktionen wirkten sich direkt auf europäische Unternehmen aus. Banken wie Großunternehmen zogen sich fast vollständig aus Geschäften mit dem Iran zurück. Obwohl im Januar 2019 ein europäischer Ausgleichsmechanismus nach französischem Recht zur Umgehung der US-Wirtschaftssanktionen geschaffen wurde, eine Art Börse für den Tauschhandel zwischen Europa und dem Iran, um den US-Dollar als Zahlungsmittel zu umgehen, reichte dies nicht aus, um eine echte Alternative für internationale Konzerne zu bieten. Dieser INSTEX genannte Mechanismus war von Anfang an nicht schlagkräftig genug ausgestattet – erst mehr als ein Jahr nach seiner Gründung kam die erste Transaktion zustande. Bis dahin war der deutsch-iranische Handel wegen der US-Sanktionen bereits um die Hälfte eingebrochen.

Ich führte damals viele Gespräche rund um das Abkommen und war schockiert, erleben zu müssen, dass das eigentliche Problem die fehlende politische Unterstützung der Akteur*innen im Europäischen Auswärtigen Dienst war, die versuchten, das INSTEX-System zum Laufen zu bringen und damit das Abkommen zu retten. Dabei hatten Deutschland, Frankreich und Großbritannien die Gründung der Zweckgesellschaft ursprünglich enorm vorangetrieben. Nicht nur europäische Banken kuschten und ignorierten europäisches Recht, sondern traurigerweise auch die europäischen Regierungen.

Auch wenn das alles sehr technisch klingt, verdeutlicht dieses Scheitern die enorme Abhängigkeit vom Dollar und was es bedeutet, dass Europa kein von den USA komplett entkoppeltes Zahlungssystem hat. Das Überweisungssystem SWIFT hat zwar seinen Sitz in Belgien, allerdings stehen die Rechner in den USA. Auch eine rein europäische Kreditkarte fehlt.

Mit dem Amtswechsel in den USA gibt es Hoffnung, dass die Gespräche über das Atomabkommen wieder zum Laufen kommen. Das mindert aber nicht die nüchterne Analyse, dass die souveräne Handlungsfähigkeit Europas eingeschränkt ist, solange wir so stark vom Dollar abhängig sind. Sollten ähnlich umfangreiche US-Sanktionen für China infrage kommen, stünde insbesondere die deutsche Wirtschaft vor einer existenziellen Herausforderung. Wenn Europa handlungsfähig sein will, muss der Euro international eine gewichtigere Rolle spielen.

Wir Europäer sollten sicherstellen, dass europäische Unternehmen bei rechtlich nicht gedeckten Wirtschaftssanktionen nicht unter die Räder geraten, und gleichzeitig versuchen, mit den USA zu einer Verständigung zu kommen, dass keine wirtschaftlichen Zwangsmaßnahmen unter Partnern und Alliierten eingesetzt werden.

Souverän zu sein bedeutet, handlungsfähig zu sein und resilienter gegen Krisen und wirtschaftliche Zwangsmaßnahmen von außen, die zunehmend ein Mittel zur Durchsetzung von Interessen geworden sind. Dies gilt vor allem für die Volksrepublik China. Die mögliche Androhung von chinesischen Strafzöllen auf Autos, um Deutschland dazu zu zwingen, Huawei beim Ausbau der 5G-Netze als Ausstatter zuzulassen, oder der durch die Staatsmedien in China orchestrierte Boykott europäischer Konzerne, die Kritik an Arbeitsstandards in Xinjiang üben, sind dabei noch vergleichsweise unbedeutende Schritte. Die chinesische Führung verfügt nicht nur über informelle Mittel, den Druck auf europäische Regierungen und Konzerne zu erhöhen, sondern mit dem neuen Exportkontrollgesetz und einem sogenannten *Blocking Statute* inzwischen auch über verschärfte rechtliche Mittel, die eigenen Interessen durchzusetzen.

Für europäische Unternehmen kann dies zu einem gewaltigen Problem werden: Nach chinesischem Recht ist ein Konzern, der sich an US-Sanktionen gegenüber chinesischen Akteuren hält, im Zweifel zu Kompensationszahlungen verpflichtet. Wenn er sich aber nicht an amerikanisches Recht hält, verliert er möglicherweise nicht nur den Zugang zum amerikanischen Markt, sondern auch den Zugang zum internationalen Finanzsystem.

Es ist deshalb wichtig, dass die EU künftig solche Verwundbarkeiten identifiziert. Es ist im Interesse Europas und vor allem auch Deutschlands als Exportnation, freien Handel und eine regelbasierte internationale Ordnung zu verteidigen. All das bedarf aber einer größeren politischen Entschlossenheit.

Eigene Stärke zu entwickeln heißt heutzutage, gut vernetzt zu sein. Während China durch Vernetzung wirtschaftliche und in der Folge politische Abhängigkeiten schafft, sollte der europäische Ansatz der Vernetzung auf unserem freiheitlich-demokratischen Wertesystem zur Wahrung unserer Standards beruhen. Denn Konnektivität ist Handlungsfähigkeit durch Kooperation und damit ein Kernprinzip europäischer Politik.

Die Wahrung unserer europäischen Werte bedeutet aber ganz praktisch eben auch: Auf den europäischen Markt kommen keine Produkte, die nicht europäischen Standards genügen – das gilt für Menschenrechtsbedingungen, Umweltschutz und Arbeitsbedingungen genauso wie für unfaire staatliche Subventionen, die den Wettbewerb zerstören. Es braucht eine Politik der Wechselseitigkeit. Das, was für andere Akteur*innen auf europäischen Märkten gilt, muss genauso für europäische Akteur*innen auf deren Märkten gelten. Allerdings geht es nicht um eine Wechselseitigkeit im Sinne einer Wertespirale nach unten. Es geht um eine Reziprozität auf Basis unserer europäischen Vorstellungen und Standards.

Wenn chinesische Konzerne in Europa Häfen und Stromnetzwerke übernehmen und sich in Unternehmen einkaufen, muss die EU sich bei allem Wunsch nach Offenheit der Märkte Gedanken um Sicherheit, um Abhängigkeit und um Wettbewerbsbedingungen machen. Im Nachklang der Finanzkrise 2008 investierten chinesische (Staats-)Konzerne in kritische Infrastruktur vor allem in den krisengebeutelten EU-Staaten Griechenland und Portugal – das prominenteste Beispiel ist der Hafen Piräus. Diese Investitionen stehen inzwischen in der Kritik und würden sich so in Zukunft nicht wiederholen. Europa scheint aufgewacht und zeigt sich zumindest schon ein wenig strenger bei der Prüfung solcher Investitionsvorhaben. Vom Tisch ist das Thema aber bei Weitem nicht. Derzeit kaufen chinesische Firmen sich gezielt im Hochtechnologiebereich ein: Sie investieren in kleinere Firmen und Start-ups und locken mit Forschungskooperationen und Entwicklungspartnerschaften.

Gleichzeitig verschlechtern sich in China die Bedingungen für europäische Konzerne zusehends. Der vorschnelle Abschluss des EU-China-Investitionsabkommens – sofern dieses Abkommen nach der massiven Kritik im EU-Parlament und aus der Kommission überhaupt in Kraft tritt –, wird nur dann ein Fortschritt sein, wenn deutlich klarere Regeln für die Wechselseitigkeit festgelegt und diese dann eingehalten werden. Dabei muss Europa sich nicht kleinmachen, auch China braucht den europäischen Markt nach wie vor für das eigene Wachstum. Selbstbewusst kann Europa deshalb die Bedingungen für die künftigen Beziehungen gestalten. Gemeinsam mit Partnern jenseits des Atlantiks und im Indopazifik und ohne Angst vor kurzfristigen Kosten für langfristige strategische Perspektiven.

Im März 2019 hat die EU-Kommission in einem viel diskutierten Papier einen neuen Politikansatz gegenüber China eingeleitet. Seitdem gab es weitere wichtige Schritte in Richtung fairer Wettbewerbsbedingungen. Der Überprüfungsmechanismus für ausländische Direktinvestitionen der EU ist seit Oktober 2020 wirksam und bietet einen Orientierungsrahmen für die Mitgliedstaaten und die Möglichkeit, wenn auch unverbindlich, Investitionsentscheidungen zu begleiten. Das neue internationale Beschaffungsinstrument (IPI) der EU als rechtlicher Rahmen für den Zugang zum EU-Beschaffungsmarkt ist bereits lange in Planung, wenn auch noch nicht umgesetzt. Mit dem *Weißbuch zur Gewährleistung fairer Wettbewerbsbedingungen bei Subventionen aus Drittstaaten* liegen viele gute Ideen auf dem Tisch, die helfen können, Wettbewerbsverzerrungen im Binnenmarkt infolge direkter oder indirekter Subventionen aus Drittstaaten zu vermeiden. All das sind richtige Ansätze, die weiter ausgebaut und in konkrete Politik gegossen werden müssen, um Europa widerstandsfähiger zu machen.

Das gilt insbesondere für die kritische Infrastruktur – von digitalen Netzwerken über die Ausrichtung und Auszählung von Wahlen bis hin zu Stromnetzen.

Die EU muss sich hier besser gegen Abhängigkeiten und Angriffe schützen. Denn was nach einer abstrakten Gefahr klingt, wird heute schon zur konkreten Bedrohung.

Östlich von Berlin, in Neuenhagen, befindet sich das Control Center des Übertragungsnetzbetreibers 50 Hertz, also die Leitwarte. Draußen auf dem Gelände des Umspannwerks laufen allein fünf Höchstspannungsleitungen mit bis zu 380 000 Volt Spannung zusammen. Vom Norden kommt viel Windstrom aus Brandenburg, Mecklenburg-Vorpommern und von der Ostsee, und er wird hier verteilt, um zum Beispiel die Hauptstadt Berlin mit immer mehr Ökostrom versorgen zu können. Das Umspannwerk ist aber auch eine Drehscheibe für den Stromtransport weiter Richtung Süden und Westen der Republik.

Drinnen im Control Center wird überwacht, gesteuert und geregelt, damit Millionen Menschen im Norden und Osten Deutschlands, Krankenhäuser, Fabriken, Schulen und Wohnhäuser 24 Stunden am Tag, 365 Tage im Jahr Strom aus ihrer Steckdose bekommen. Vor etlichen Jahren besuchte ich 50 Hertz zum ersten Mal. Wir diskutierten damals rauf und runter, wie sich dezentral erzeugter Strom über weite Strecken sicher transportieren lässt und wie garantiert werden kann, dass die Netzfrequenz stabil bleibt. Denn die Energie, die aus Windkraft oder Fotovoltaik erzeugt wird, unterliegt wetterbedingt teils starken Schwankungen.

Aber beeindruckt war ich damals vor allem von den Sicherheitsvorkehrungen gegen Attacken jeglicher Art. Eine dicke Tür aus Panzerglas, der Zutritt mit einem Handvenenscanner gesichert, soll verhindern, so wurde mir erklärt, dass jemand schwer bewaffnet eindringen kann und die Stromversorgung für 18 Millionen Menschen in Berlin, Brandenburg, Hamburg, Mecklenburg-Vorpommern, Sachsen, Sachsen-Anhalt und Thüringen gefährdet. Aber mögliche Angreifer*innen kommen heutzutage nicht mehr nur durch die klassische Eingangstür. Ständig muss die Cybersecurity des Unternehmens Hackerangriffe abwehren. Um die Technik der Leitwarte wurde daher ein Ring aus digitalen Schutzwällen gelegt. Klang für mich etwas nach James Bond und weniger nach Neuenhagen in Märkisch-Oderland.

Im Sommer 2020 war ich wieder da. Auch in Neuenhagen hatte sich die Welt weitergedreht. Die Integration von Wind und Sonne ist kein Problem mehr. Jetzt geht's um die Bereitstellung von Regelleistung aus Windenergie und Fotovoltaik. Dabei können zum Beispiel Großbatterien für die Stromspeicherung eingesetzt werden. Natürlich müssen die Übertragungsleitungen ausgebaut und verstärkt werden, damit im europäischen Strombinnenmarkt der Strom aus erneuerbaren Energien überall dort zur Verfügung steht, wo er benötigt wird. Im Nordosten der Republik will man, so hat es der Übertragungsnetzbetreiber 50 Hertz geplant, bis 2032 bei 100 Prozent erneuerbaren Energien im Netz sein. Nicht zu jeder Tages- und Nachtzeit, aber im Jahresdurchschnitt als Anteil am Stromverbrauch in der gesamten Region.

Dafür hapert es immer stärker bei der Türsicherheit. Allerdings nicht mit der Panzerglastür und dem Handvenenscanner, sondern mit der digitalen. Zwischen den Sätzen mit meinen Gesprächsteilnehmer*innen klingt durch, wie sehr man hier mittlerweile besorgt ist. Systemrelevanz, China, Hackerangriffe. All das ist hier sehr real.

Wir sollten nicht nur über Huawei-Antennen auf Funkmasten sprechen, denn die kritische Infrastruktur sind hier beispielsweise die Konverter. Digitale Sicherheit braucht daher endlich eine Erhöhung der IT-Sicherheit. Dazu muss der Staat Unternehmen beim Aufbau einer sicheren IT-Infrastruktur fördern und mit öffentlichen Mitteln ausgestattete Belohnungssysteme zur Identifizierung von Sicherheitslücken schaffen. Zudem braucht es eine übergreifende Ressortverantwortlichkeit innerhalb der nächsten Bundesregierung und eine rechtliche Grundlage für das Cyberabwehrzentrum.

Ein großer Teil der Cyberattacken auf Technologie, Industrie und Telekommunikation in der EU geht auf das Konto ausländischer Staaten und berührt damit ganz zentral die Frage unserer Souveränität. Dagegen müssen wir besser aufgestellt sein. Zugleich verschmilzt durch die Digitalisierung der Bereich von äußerer und innerer Sicherheit immer mehr, was die Resilienz durch die Kompetenzverteilung weiter erschwert. Die Feinde der liberalen Demokratie wissen das gezielt zu nutzen. Was früher ein Bombenangriff auf eine Gasleitung war, ist heute der Hack auf zwanzig Krankenhäuser in unterschiedlichen Bundesländern. Ist das eine Katastrophe oder ein gegnerischer äußerer Angriff? Übernimmt das BKA oder in jedem Bundesland die Landespolizei oder die Bundeswehr?

Solch schwierigen Fragen müssen wir uns stellen. Auch ganz unabhängig von der äußeren Sicherheit. Denn die Pandemie hat gezeigt, dass wir an der Bund-Länder-Zusammenarbeit im länderübergreifenden Katastrophenfall dringend etwas ändern müssen. Bei der nächsten Krise sollten nicht erneut übernächtigte Ministerpräsidentenrunden übernehmen. Es gilt einen bund- und länderübergreifenden Krisenstab zu schaffen, der bei Bedarf zu aktivieren ist. Die Bewältigung solcher Krisen könnte als neue Gemeinschaftsaufgabe in Artikel 91a des Grundgesetzes verankert werden.

Ich beobachte einen gewissen Mangel an Vertrauen der europäischen Unternehmen in ihre eigene Stärke und Innovationsfähigkeit. Um aber Alternativen zu Infrastrukturprojekten und Produkten aus Drittstaaten zu haben, muss die EU ihre Defizite in der IT-Industrie beheben und eine europäische technologische Basis schaffen, auf der wir aufbauen können, und das wiederum bedeutet massive Investitionen in den Bereich Forschung und Entwicklung. Das fängt mit ganz simplen Dingen an. Zum Beispiel, dass die deutsche Polizei die Bilder ihrer Bodycams nicht mehr bei Amazon in der Cloud speichert – und die Bundeswehr ihre Daten nicht bei Microsoft. Wenn wir Europäer*innen mit Steuergeld eine europäische Cloud wie Gaia-X aufbauen wollen, dann können wir nicht ausgerechnet wieder alle großen US-Cloud-Anbieter mit ins Boot holen und so sicherheitsrelevante Daten dem Zugriff der US-Regierung über den Cloud Act aussetzen. Und die EU-Kommission braucht eine stärkere Rolle als

Überwachungsbehörde großer Infrastrukturprojekte und ihrer Auswirkungen auf die Resilienz, auf unsere europäischen Werte und Standards.

Ohne Luft in den Reifen kommt ein Fahrrad nicht voran – egal, wie viel man tritt. Eine institutionelle Stärkung Europas ist unabdingbare Voraussetzung, damit wir, als Europäer*innen wie als Deutsche, unsere Bündniskraft wahren und auf eine Globalisierung mit Zukunft hinwirken können.

Klimaaußenpolitik

Klimaschutz ist nicht nur Umweltpolitik, nicht nur Wirtschaftspolitik, es geht dabei auch um menschliche Sicherheit. Die Klimakrise hat sich derart verschärft, sie betrifft nicht mehr nur unsere Kinder und Kindeskinder, sie droht einschneidende Konsequenzen auch im Heute zu haben. Die Munich Re, der Rückversicherer, beziffert die Schäden durch wetterbedingte Naturkatastrophen seit 1980 weltweit auf die kaum vorstellbare Summe von 4,2 Billionen US-Dollar. Dramatischer ist, dass beinahe eine Million Menschen seitdem durch Extremwetterereignisse wie Hurrikane, Dürren, Überschwemmungen oder Waldbrände ums Leben kam und Millionen zur Flucht aus ihrer Heimat gezwungen waren. Weil im Sommer 2017 nach einer massiven Hitzewelle und extremer Trockenheit Waldbrände Portugal verwüstet und ihre Heimatregion Leiria in Asche verwandelt haben, verklagen sechs Kinder und Jugendliche zwischen acht und 21 Jahren die Regierungen von 33 europäischen Staaten vor dem Europäischen Gerichtshof für Menschenrechte (EGMR). Sie mussten miterleben, wie eine Feuerwalze Familien zur Flucht über die Nationalstraße zwang und sie in ihren Autos verglühten. 65 Menschen verbrannten oder starben an Rauchvergiftungen, etwa 200 wurden teils schwer verletzt. Ein paar Monate später starben weitere 45 Menschen durch Brände. Die Region blieb schockiert zurück. Ähnliches geschah in Australien, Sibirien und Kalifornien. Im Jahr 2020 reihte sich weltweit eine extreme Feuersaison an die nächste.

Stets verbunden mit der Klimakrise ist der Anstieg des Meeresspiegels. Die Mehrheit der Weltbevölkerung lebt in Küstenregionen und ist somit unmittelbar betroffen. Dabei ist die Nutzung von tief liegenden Gebieten, schon bevor diese tatsächlich überschwemmt werden, stark bedroht. Während beispielsweise im Nildelta die Landwirtschaft durch Bodenversalzung gefährdet ist, sind tief liegende Inseln wie Kiribati im Pazifischen Ozean oder Staaten ohne Gebiete in höheren Lagen wie die Malediven nach Überschwemmungen vollständig in ihrer Existenz bedroht. Das Dorf Narikoso auf der Insel Ono, die zu Fidschi gehört, war eines der ersten, das wegen der klimabedingten Überschwemmungsgefahr umgesiedelt werden musste, weil die dortigen Häuser täglich vom Wasser umspült wurden. Allein in Fidschi wurden 45 weitere Gemeinden identifiziert, denen das gleiche Schicksal droht.

Nach Berechnungen des VN-Umweltprogramms UNEP brauchen Länder des globalen Südens schon heute jährlich rund siebzig Milliarden US-Dollar, um zum Beispiel Infrastruktur und Landwirtschaft anzupassen. Experten erwarten bis 2030 einen Anstieg der Kosten auf bis zu 300 Milliarden US-Dollar, bis 2050 sogar auf 500 Milliarden. Im Pariser Klimavertrag von 2015 haben die Industrieländer zwar jährliche Klimahilfen für CO_2-Einsparung und -Anpassung in Höhe von hundert Milliarden Dollar pro Jahr zugesagt. Diese Summe wird bisher allerdings nicht erreicht. Zudem werden Klimagelder mit Entwicklungshilfen verrechnet, ein Großteil läuft über Kredite, und nur ein kleiner Teil davon wiederum geht in die Anpassung. Entsprechend muss der Großteil der Aufwendungen von den armen Ländern selbst getragen werden – oder aber die Anpassung findet schlicht nicht statt.

Damit beginnt ein weiterer Teufelskreis. Die Klimakrise ist mittlerweile zum globalen Sicherheitsrisiko, zum Konfliktverschärfer Nummer eins geworden. Wo wegen Wassermangel und Versteppung kaum Landwirtschaft möglich ist oder Gebiete wegen Überschwemmungen unbewohnbar werden, wächst die Gefahr gewaltsamer Auseinandersetzungen um die immer knapper werdenden Ressourcen. Neun der zehn am stärksten von den Klimafolgen betroffenen Länder stammen aus der Gruppe der Länder mit niedrigem oder niedrigem bis mittlerem Pro-Kopf-Einkommen.

Ein Beispiel ist der Tschadsee am Südrand der Sahara. Aufgeteilt zwischen den Staaten Tschad, Kamerun, Nigeria und Niger bildet er eines der größten abflusslosen Frischwasserreservoirs der Erde und hat unschätzbare Bedeutung für die Ökologie und Ökonomie der Region. Seit den frühen 1960er-Jahren hat sich die Fläche des Tschadsees von über 25 000 km² auf rund 2500 km² verringert, also um neunzig Prozent. Die sozialen Folgen sind verheerend – für die Fischer*innen, aber auch für Landwirt*innen und Viehhalter*innen. Konflikte um den Zugang zu dem Gewässer prägen die Geschichte der Region seit Jahrhunderten, zumal der Wasserspiegel seit jeher starken Schwankungen unterliegt. Mit der Klimaerwärmung hat sich der Rückgang aber drastisch verschärft.

Es ist kein Zufall, dass sich gerade in dieser Weltregion in den letzten beiden Jahrzehnten die Terrororganisation Boko Haram ausbreiten konnte. Gezielt rekrutiert sie ihre Anhänger vor allem unter den verarmten Fischerfamilien, die am Rande ihrer Existenz sind. Diese islamistische terroristische Gruppierung setzt sich für die Einführung der Scharia sowie für das Verbot westlicher Bildung ein und lehnt die Beteiligung an Wahlen ab. Sie verschleppte Hunderte Mädchen und fackelte ganze Dörfer nieder.

Es wäre nicht seriös, eine direkte Kausalität zwischen Klimakrise und Terror oder Konflikten zu behaupten. Wohl aber lässt sich in diesem wie in immer mehr anderen Fällen beobachten, wie Klimafolgen soziale Spannungen, Gewaltpotenziale und innere Konflikte fragiler Gesellschaften verstärken. Wo Wasser oder fruchtbares Land knapp werden, entbrennen Verteilungskämpfe, finden extremistische Gruppen Zulauf, und müssen Menschen flüchten, weil ihnen die Lebensgrundlage entzogen ist oder weil ihnen Unterdrückung und Mord drohen.

Auch das Nilbecken steht dabei beispielhaft für Konflikte um Wasserrechte und den Zugang zum Wasser. Die Situation wird durch hohe Unsicherheiten in Bezug auf die künftige Wasserverfügbarkeit verschärft. Ähnlich sieht es bei der Nahrungsmittelproduktion aus: Dürren, Überschwemmungen, Verwüstungen beeinträchtigen Lebensmittelpreise und Absatzmärkte massiv. Laut der Langzeitstudie »Feeding Unrest« zu 47 afrikanischen Staaten erhöhte der Anstieg von Nahrungsmittelpreisen die Häufigkeit von gesellschaftlichen Unruhen um 75 Prozent. In ihrer Groundswell-Studie aus dem Jahr 2018 rechnet die Weltbank mit über 140 Millionen klimabedingt Vertriebenen allein in Subsahara-Afrika, Südasien und Südamerika bis 2050.

Bereits 2010 hatte das US-Verteidigungsministerium den Klimawandel als Bedrohung für die nationale Sicherheit der USA deklariert und somit als Phänomen, das die Aufmerksamkeit des Pentagon erforderte. Die Betrachtung des Klimawandels als »Bedrohungsmultiplikator«, der Rohstoff- und Gesellschaftskonflikte verschärfen kann, ist seither zu einem Eckpfeiler in der Strategie des Pentagon geworden. Seine Conclusio: Je fragiler ein Staat ist, desto wahrscheinlicher ist es, dass er besonders stark unter den Folgeerscheinungen der Erderwärmung leiden wird – also unter inneren Konflikten, humanitären Katastrophen und Migration. Das daraus entstehende Chaos könnte wiederum zu neuen Herausforderungen für das US-Militär führen, sei es durch humanitäre Hilfseinsätze oder Interventionen im Ausland.

Ein Beispiel dafür ist der Umgang mit dem Zyklon »Nargis« im Irrawaddy-Delta in Myanmar. In der Nacht vom 2. auf den 3. Mai 2008 peitschte der Wirbelsturm mit Böen bis zu 240 Stundenkilometern hohe Wellen durch die weitverzweigten Flussarme des Irrawaddy tief ins Landesinnere hinein. Nargis riss 135 000 Menschen in den Tod, zerstörte Dörfer und flutete die Reisfelder mit Salzwasser. Hunderttausende Menschen wurden obdachlos, und Millionen waren nach dem Wirbelsturm, der bis heute als der tödlichste Tropensturm gilt, auf medizinische und humanitäre Hilfe angewiesen. Obwohl die myanmarische Regierung maßlos überfordert war, weigerte sich die damalige Militärjunta, internationale Hilfe ins Land zu lassen, insbesondere in die abgelegenen Dörfer im Irrawaddy-Delta. Unzählige Leichen verwesten auf den Straßen, das Wasser wurde verseucht, Menschen suchten verzweifelt nach Essen, ein Cholera-Ausbruch drohte und damit eine noch größere Katastrophe. Wie so oft davor und danach wurde die Verweigerung von Grundversorgung wie Lebensmittel oder Wasser als machtpolitisches Instrument eingesetzt.

Es braucht daher eine Klimaaußenpolitik. Sie muss weltweit kohärente Strategien entwickeln, um dem Nexus zwischen Klimafolgen und sozialer Instabilität Rechnung zu tragen. Was wäre es – gerade im Hinblick auf die kommende Klimakonferenz in Glasgow – für ein starker Aufschlag, die Initiative Frankreichs zur Kodifizierung und Konsolidierung des Umweltvölkerrechts aufzugreifen und das Recht auf eine saubere Umwelt in einer Resolution der VN-Generalversammlung zu verbriefen? Das würde den Staaten helfen, die am meisten vom Klimawandel betroffen sind.

Klimaaußenpolitik liegt in unserem eigenen Interesse. So können durch Klimapartnerschaften insbesondere Länder des globalen Südens bei der Bewältigung der Klimakrise unterstützt und dadurch weltweit die sozial-ökologische Transformation vorangebracht werden. Länder wie die wind- und sonnenreiche Ukraine besitzen ein hohes Potenzial bei erneuerbaren Energien. Doch aktuell stammen nicht einmal zehn Prozent der Energie aus erneuerbaren Quellen. Auch könnte die Ukraine ihre Industrie auf Wasserstoff umstellen und überschüssige Energie über Pipelines in andere Länder exportieren. Die Pipeline für den Transport Richtung Westen besteht bereits und leitet fossiles Gas aus Sibirien nach Europa. Sie müsste lediglich modernisiert werden.

Deutschland könnte mit seinem Wissen und dem Know-how als eines der Länder mit der höchsten Energieeffizienz und einem hohen erneuerbaren Anteil der Ukraine dabei helfen. Hier weiterzukommen, wäre dringend notwendig, denn die Energieintensität der ukrainischen Wirtschaft ist drei- bis viermal höher als der Durchschnitt in der Europäischen Union. Industrie und Handel verbrauchen mehr als vierzig Prozent der Energiequellen. Das schadet nicht nur dem Klima, sondern ist auch ein Wettbewerbsnachteil für die Ukraine.

Die Vorteile für solche Energiepartnerschaften mit anderen Ländern liegen auf der Hand. Man erreicht gemeinsam Emissionsminderungen, schafft Arbeitsplätze und Wertschöpfung vor Ort, es findet ein beidseitiger Wissensaustausch statt, und die bilateralen Beziehungen werden gestärkt. Das erhöht die staatliche Stabilität und Resilienz. Was es dafür braucht, sind klare Rahmenbedingungen – wie die Bereitstellung von Ressourcen für die Klimaaußenpolitik im Bundeshaushalt, der Umbau der Entwicklungsbanken und neue Leitlinien für den Finanzmarkt. Eine solche Klimaaußenpolitik kann helfen, weltweit mehr Sicherheit und Wohlstand zu schaffen. Sie sollte ein wesentliches Handlungsfeld der nächsten Bundesregierung sein.

Kein Schlusswort

Als Politikerinnen und Politiker treffen wir Entscheidungen, die auch die sensibelsten Bereiche des menschlichen Lebens erfassen – etwa den Umgang mit Krankheit und Tod. Aus Demut gegenüber der Verantwortung in diesen schwierigen ethischen Fragen passiert hier im Bundestag etwas, was die Stärke und die Möglichkeiten von politischer Arbeit zeigt: demokratischer Streit in bestem Sinne, ein Ringen um Lösungen über die Fraktionsgrenzen hinweg, entlang der Sache. Eine dieser Debatten in der gerade auslaufenden Legislaturperiode war die Debatte um die Organspende. Bundesgesundheitsminister Jens Spahn hatte einen Vorschlag erarbeitet, wie es gelingen kann, die Zahl der Organspenden in Deutschland zu erhöhen. Zu Recht, warten doch Tausende auf Spenderorgane und müssen viele von ihnen sterben, weil die lebensrettende Transplantation nicht rechtzeitig möglich ist.

Auf den ersten Blick fand ich die Idee des Bundes-gesundheitsministeriums gut. Sie lautete: Grundsätz-lich soll jeder Mensch als Organspender gelten, es sei denn, man gibt eine Erklärung ab, dass man das nicht will. Aber je länger ich mich damit beschäftigte, desto stärker wurden meine Zweifel. Ich hatte die große Sor-ge, dass hier zu stark in das Selbstbestimmungsrecht der Menschen eingegriffen wird, konkret in das Recht, frei über den eigenen Körper zu bestimmen, und dass deshalb dieser Vorschlag nicht vor dem Bundesver-fassungsgericht Bestand hätte. Schließlich tragen wir eine grauenvolle Geschichte staatlicher Angriffe auf ebendiese Freiheit mit uns. Statt der so notwendigen Verbesserung der Organspendezahlen befürchtete ich ein Scheitern.

Diese Bedenken teilten auch Kolleginnen und Kol-legen in der Union, der SPD, der FPD und der Linken. Also machten wir uns daran, fraktionsübergreifend eine Alternative zu erarbeiten. Um die Hürden abzu-bauen, die bisher weite Teile der Bevölkerung daran hindern, ihre Bereitschaft zur Organspende zu erklären, sollten neben Ärzt*innen und Krankenhäusern auch die Bürger*innenämter standardmäßig die Spenden-bereitschaft abfragen. Darüber hinaus wird ein stark vereinfachtes Online-Registrierverfahren entwickelt.

Diese Lösung wurde gemeinsam fraktionsübergrei-fend erarbeitet, intensiv mit Expert*innen beraten und leidenschaftlich im Parlament diskutiert. Es wurde abgestimmt, und damit wurde sie Gesetz. Nicht aus Fraktionsräson, sondern aus Überzeugung und aus politischem Verantwortungsgefühl.

So möchte ich häufiger politische Entscheidungen treffen und verantworten. Das Argument »Das war schon immer so« ist in der Regel kein starkes. Gute Politik fängt da an, wo es gelingt, verkrustete Strukturen und Diskurse aufzubrechen und im gemeinsamen Gespräch neue Lösungen zu finden. Mit dieser Haltung bin ich 2018 als neue Parteivorsitzende angetreten, wohl wissend, dass Politik nicht immer sofort auf alle Fragen Antworten haben kann.

Meine Partei oder ich muss auch nicht in allem recht haben. Und eine Gesellschaft muss sich nicht in allem einig sein, um voranzukommen. Doch in einer Zeit, in der Debatten zunehmend unversöhnlich geführt werden, braucht es über die verschiedenen Lebenswirklichkeiten der Menschen hinweg einen Zusammenhalt, um die großen Veränderungen unserer Gesellschaft erfolgreich angehen zu können. Eine Verständigung darüber, dass wir die Zukunft nur gemeinsam schaffen können.

Die beste Möglichkeit, die parlamentarischen Demokratie lebendig zu halten, ist, sie weiter zu entwickeln. Menschen, die wirklich etwas verändern wollen, bringen andere zusammen. Selbst in dieser gestressten Zeit, in der so viele zu Recht ungeduldig sind, weil Politik nicht anpackt, entstehen ganz verschiedene, pragmatische Bewegungen. Eltern digitalisieren selber ihre Schule. Investmentbanker*innen gehen mit Klimaschützer*innen auf die Straße. Unternehmen unterstützten nach dem furchtbaren Brand in Moria die zivilgesellschaftliche Flüchtlingshilfe. Darauf baut eine Gesellschaft, die neue Wege bahnt. Wir können hier an unsere eigenen ostdeutschen Erfahrungen anknüpfen, an die runden Tische der Bürgerrechtsbewegung.

Mit dem Strategiedialog Automobilwirtschaft in Baden-Württemberg oder der Kohlekommission auf Bundesebene etwa wurden auf diese Weise gesellschaftliche Blockaden aufgebrochen. Das unbefriedigende Ende beim konkreten Kohleausstiegsgesetz und erst recht das Scheitern ähnlicher Kommissionen wie der Mobilitätskommission schmälern das Ergebnis zwar und zeigen, dass die politische Verantwortung dadurch nicht ersetzt werden kann. Dennoch: Solche Prozesse öffnen Räume für neue Lösungen, die gesellschaftlich breit getragen werden – und zugleich mehr Repräsentanz ermöglichen.

So hat beispielsweise die Citizens' Assembly, ein Bürgerrat im katholischen Irland, etwas geschafft, was niemand für möglich gehalten hätte, nämlich in einer der strittigsten Fragen in der irischen Gesellschaft, der Abtreibungsfrage, eine Klärung zu erwirken und die gesellschaftlichen Gräben endlich zu schließen. Der Bürgerrat war besetzt mit zufällig ausgewählten 99 Personen aus dem Querschnitt der Bevölkerung, was Geschlecht, Alter, soziale Klasse, regionale Herkunft und Migrationsgeschichte betraf. Nach fünf Monaten sprach sich die Citizens' Assembly mit einer Zweidrittelmehrheit dafür aus, das strikte Abtreibungsverbot, das selbst in Fällen von Vergewaltigung galt, zu ändern und Schwangerschaftsabbrüche zu ermöglichen. Die Wähler*innen waren beim darauffolgenden Referendum derselben Meinung. Auch wenn weitere Räte in Irland verdeutlichten, wie wichtig es ist, dass sie nicht zu inflationär eingesetzt werden, kann ich mir einen Bürgerrat in Deutschland gerade mit Blick auf eines der ganz großen Themen sehr gut vorstellen: Wie sieht die Zukunft des Generationenvertrags aus?

Bürgerräte qualifizieren politische Debatten. Sie ringen um den besten Weg und unterscheiden sich von Volksentscheiden, da sie eine komplexe Frage nicht auf eine einmalige Ja- oder Nein-Entscheidung reduzieren. Deshalb halte ich sie für eine sinnvolle Erweiterung unserer parlamentarischen Demokratie.

Politik in Deutschland war seit der Wiedervereinigung wie auf Schienen gesetzt. Sie folgte dem Lauf der Dinge, sofern nicht gerade ein kleiner Koalitionspartner ein paar Prozent ökologischen und gesellschaftlichen Druck einbrachte oder Weltereignisse von außen das Handeln der Regierung bestimmten. Auf eine gewisse Art war das immer die Politik der undogmatischen Konservativen. Nach dem Motto: Politik ist das, was ist. Für mich handelt Politik aber auch von dem, was wir möglich machen.

Dazu muss sie klare Ziele formulieren und eine Richtung weisen, damit sich die gesellschaftliche Kraft voll entfalten kann. Die Bereitschaft für Erneuerung ist da, es braucht nur deutliche Signale von der Spitze und einen verlässlichen konstruktiven Kurs. Das verlangt Führung. Aber nicht eine, die dem veralteten Verständnis von »auf den Tisch hauen und basta« folgt. Über eine solche Sehnsucht nach dem »starken Mann«, sogar in einer so aufgeklärten Gesellschaft wie der unseren, wundere ich mich manchmal. Mit großspurigen

Ansagen im Fernsehen erweckt man möglicherweise kurzfristig den Anschein von Entschiedenheit, Autorität und Handlungsmacht, damit wird man aber nicht weit kommen. Nicht in den demokratischen Strukturen, die wir uns aus guten Gründen gegeben haben, und erst recht nicht auf der internationalen Ebene, ohne die in einer vernetzten Welt wenig geht.

Führung heute bedeutet, im Team zu arbeiten. So agieren viele Unternehmen, so funktionieren die meisten Familien. So haben Robert Habeck und ich in den vergangenen Jahren unsere Partei geführt – im engen Zusammenspiel und Vertrauen mit Kolleginnen und Kollegen in der Bundestagsfraktion und in den Ländern, im Streben, Bündnisse übers eigene Milieu hinaus zu schmieden. In einem solchen Geist der Kooperation treten wir an, um dieses Land zu führen.

Kooperation verlangt Debatte und Reibung, sie muss immer wieder erneuert werden. Aber gerade das macht ihre Kraft aus. So möchte ich auch das Verhältnis von Bürger*innen und Regierung, Regierung und Parlament verstehen. In diesem Land steckt so viel. Die Bürgerinnen und Bürger sind mündig, sie trauen sich etwas zu, und wir – als Politikerinnen und Politiker – können ihnen etwas zutrauen und zumuten. Wir sind in einer historischen Situation, in der wir jetzt die Weichen neu stellen können.

Anders Politik machen verlangt auch ein anderes Verständnis von Regieren. Regieren heißt nicht Allwissen, Opposition heißt nicht aus Prinzip dagegen. Ich will zuhören und einbeziehen, damit unsere Politik eine bessere wird.

Ein frei gewähltes Parlament ist im 21. Jahrhundert bei Weitem keine Selbstverständlichkeit. Es gibt sehr, sehr viele Menschen auf der Welt, die uns darum beneiden. Unser freiheitlich-liberaler Rechtsstaat gründet sich gerade aus der Erfahrung um die Abgründe und Verwerfungen unserer Geschichte. Diese Verantwortung ist für mich unverrückbarer und integraler Bestandteil meines parlamentarischen Selbstverständnisses.

Doch wir werden der besonderen verfassungsrechtlichen Stellung unseres Parlaments, dessen Aufgabe es ist, als Legislative Gesetze zu beraten und zu verabschieden sowie die Exekutive zu kontrollieren, derzeit kaum gerecht, sondern degradieren den Bundestag zum verlängerten Arm der Exekutive. Das hat damit zu tun, dass drei der letzten vier Regierungen große Koalitionen mit teils übergroßen Mehrheiten waren, die schon allein deshalb das Parlament nicht sehr geachtet haben.

Oftmals sind es die Abgeordneten selbst, die sich dieser verschobenen Rollenwahrnehmung beinahe willfährig hingeben und damit ihrer Aufgabe nicht mehr gerecht werden. Dieses verzerrte Verständnis durchzieht auch weite Teile des öffentlichen Diskurses und der medialen Rezeption des – oftmals gescholtenen – »Berliner Politikbetriebes«. So entsteht beispielsweise im Vorfeld von Wahlen der Eindruck, dass nicht etwa der Deutsche Bundestag, sondern eine Regierung oder gar die Kanzlerin bei den Bundestagswahlen gewählt wird. Und die Exekutivierung der Politik schreitet fort. Die Arbeit des eigentlichen Gesetzgebers – des

Deutschen Bundestags – wird überwiegend durch Ministerien, oftmals in höchst intransparenter Weise, bestimmt und wahrgenommen. Gesetzentwürfe werden in nächtlichen Runden von Parteivorsitzenden im Bundeskanzleramt fest- und vom Kabinett vorgelegt, und die regierungstragende Koalition im Bundestag wird viel zu oft auf die Aufgabe reduziert, nur noch die benötigte Mehrheit zu liefern.

Ich will, dass das Parlament wieder zu dem Ort wird, an dem Debatten stellvertretend für die ganze Gesellschaft geführt werden – in aller Öffentlichkeit und so transparent und verständlich, dass auch Laien die Aushandlungsprozesse nachvollziehen können. Zu einem Ort, an dem es als Stärke der Regierungsfraktionen angesehen wird, Ausschussdiskussionen zu berücksichtigen und Vorschläge der Opposition aufzugreifen.

Gerade in Zeiten, in denen eine Fraktion im Bundestag den völkischen Nationalismus wieder hoffähig machen will und in denen sich eine spürbare Verrohung des politischen Diskurses Bahn bricht, können wir nicht länger ignorieren, dass in relevanten Teilen der Bevölkerung am demokratischen Gemeinwesen gezweifelt wird. Weil es so unterschiedliche Perspektiven auf die Wirklichkeit gibt, müssen wir das Parlament wieder zu dem Ort machen, an dem der Diskurs offen und selbstbewusst geführt wird.

Die rechten Feinde der Parlamente koordinieren sich international, um den Parlamentarismus zu schwächen. Ihre Methode ist Chaos und ihr Ziel Schwächung. Wir haben das in der deutschen Geschichte schon einmal erlebt, daraus erwächst eine immense

Verantwortung, parteiübergreifend und unter Beteiligung der Öffentlichkeit deutlich zu machen, dass wir den politischen Streit im Sinne des demokratischen Miteinanders stärken und um jeden Preis verteidigen wollen. Starke Parlamente sind der Garant für eine funktionierende und stabile Demokratie.

Ich will, dass wir unser Land gemeinsam erneuern. Die Mütter und Väter unseres Grundgesetzes haben der Kanzlerin oder dem Kanzler Richtlinienkompetenz gegeben und damit eine starke Rolle in unserer Demokratie zugeschrieben. Doch wir sind keine präsidentielle Demokratie. Bei uns trägt das Parlament die Regierung, und dank des Verhältniswahlrechts gilt eben nicht das Prinzip »*The winner takes it all*«, was eben auch nicht bedeutet, die knappe Hälfte fällt hinten runter. Regierungen werden in der Regel aus Koalitionen gebildet, weshalb Kompromissfindung und die Vereinbarung gemeinsamer Ziele auf Zeit konstitutiv sind. Mein Ziel ist, eine Regierung zu bilden, die gemeinsam und ressortübergreifend die notwendige Dynamik entfaltet, um die Zukunftsthemen wie Klimaschutz, Digitalisierung, sozialer Zusammenhalt, Kinder und Bildung sowie eine gemeinsame Europapolitik zu gestalten.

Mir geht es nicht darum, übliche Regierungspolitik in Grün zu machen, sondern neue Prioritäten zu setzen, besser Politik zu machen. Was alles nicht geht, haben wir alle miteinander gerade in der Pandemiezeit noch einmal vor Augen geführt bekommen. Jetzt zählt es, in den Blick zu nehmen, was alles geht.

Meine Generation wird die Konsequenzen unseres Handelns beziehungsweise unseres Nichthandelns voll erleben. Wir haben uns ein Leben in den bestehenden Verhältnissen aufgebaut und unsere eigenen Erfahrungen gemacht. Wir sind bereit, zu hinterfragen, Verantwortung zu übernehmen und neue Wege zu gehen.

Die Chancen, die wir heute haben, sind erarbeitet von denen, die vor uns kamen: von Generationen, die die Bundesrepublik nach dem Zweiten Weltkrieg wieder aufgebaut haben – viele von ihnen kamen aus allen Richtungen Europas, von den Menschen in der DDR und den Gründer*innen unseres gemeinsamen Europas, ohne die Deutschland heute nicht das erfolgreiche Land wäre, das es ist. Von den mutigen Frauen, die dafür gesorgt haben, dass Frauen in Führungspositionen überhaupt denkbar sind. Von Menschen, die Deutschland zu ihrer neuen Heimat gemacht und diese bereichert haben. Von allen Menschen aus der Zivilgesellschaft, die mit ihrem Einsatz den kulturellen Reichtum unseres Landes ausmachen. Mein politisches Selbstverständnis fußt auf dem Engagement aller, die sich Tag für Tag auf allen Ebenen für unsere Demokratie einbringen.

Wir können diese Phase am Ende der Pandemie für den Beginn einer neuen Epoche nutzen, um wieder groß zu denken, großherzig zu sein, Mut zu belohnen, Kraft aus gemeinsamer Anstrengung zu schöpfen, Inspiration aus Vorbildern zu ziehen, dankbar zu sein für Solidarität und stolz auf Erreichtes. Anstatt im Gestern zu verharren und Fehler im Kleinen zu suchen, können wir aufbrechen und unser Land erneuern.

Dank

Dieses Buch wäre nicht entstanden ohne Franziska Günther, die immer mal wieder mit der Buchfrage um die Ecke kam. Und eigentlich war es das Letzte, was ich mir vorstellen konnte, bei all dem Drumherum. Der Winter-Lockdown und viel mehr Nächte und damit Schreibzeit zu Hause fühlten sich dann doch danach an, mal ein paar Dinge zu reflektieren, zurückzuschauen und voraus. Zugleich ist dieses Buch inhaltlich von der intensiven Programmarbeit in meiner Partei inspiriert. In diesem Sinne stecken hier auch Ideen, Kenntnisse und kreative Gedanken von all den Menschen drin, mit denen ich in den letzten Jahren eng Politik machen durfte. Vor allem mit Robert Habeck, was für eine gemeinsame Zeit. Mit dem Bundesvorstand: Michael Kellner, Ricarda Lang, Jamila Schäfer und Marc Urbatsch. Ebenso mit Britta Hasselmann, Katrin Göring-Eckardt und Toni Hofreiter, stellvertretend für die Grüne Bundestagsfraktion. Alles, was gerade passiert, ist eingebettet in das, was wir uns zusammen aufgebaut haben.

Ein besonderer Dank geht an Claudia Roth und Reinhard Bütikofer. Die Grünen können heute auch deshalb eine Kanzlerkandidatin stellen, weil diese beiden langjährigen Parteivorsitzenden und andere sich jahrzehntelang in den Dienst dieser Partei gestellt haben und junge Leute wie mich, damals als forsche Sprecherin der Bundesarbeitsgemeinschaft Europa, ohne Wenn und Aber ermutigt und unterstützt – und mir auch Kontra gegeben – haben. Ohne sie wäre ich nicht die Parteivorsitzende, die ich heute bin.

Auch meine Brandenburger*innen haben mir vieles mit auf den Weg gegeben. Nicht zuletzt die schöne Erfahrung, dass es in der Politik sehr wohl Freundschaften geben kann. Stellvertretend möchte ich hier Benjamin Raschke erwähnen – und all die Menschen, mit denen ich Kinder-Zoobesuche, meine Europa-Leidenschaft und Mavericks teile.

Ich danke meinen tollen Mitarbeitenden: Britta Duille, Titus Rebhann und Magdalena Lösch in meinem Bundestagsbüro und Nils Naber-Korn in Potsdam sowie Alena Karaschinski in Frankfurt an der Oder. Einige von ihnen begleiten mich bereits von Anfang an und legen immer wieder Sonderschichten für mich ein. Das gilt in ganz besonderem Maße auch für mein super Team in der Bundesgeschäftsstelle mit Robert Heinrich, Tracy De Souza, Gunnar Stumpe, David Simon, Claudia Striffler, Nicola Kabel, Melanie Haas und Annkathrin Schäfer. Danke auch an Moritz Vierboom und Matthias Riegel.

Mit Blick auf dieses Buch geht mein besonderer Dank an drei Personen. Michael Ebmeyer für die langen persönlichen Gespräche im Winter, in denen er Dinge aus mir herausgekitzelt hat, die mir erst dadurch bewusst wurden. Meiner Lektorin Bettina Eltner für ihren unermüdlichen Einsatz unter großem Zeitdruck, für kluges Lesen und präzise Überarbeitung – zumal mit der Entscheidung der Kanzlerkandidatur im April plötzlich alles ganz schnell gehen musste. Vor allem aber danke ich David Simon, ohne den dieses Buch nie hätte fertiggestellt werden können. Mit seiner Genauigkeit und Leidenschaft, seinem unermüdlichen Einsatz, seiner Klugheit und seiner unendlichen Geduld hat er mich während der Entstehungszeit des Textes selbst zu den unmöglichsten Uhrzeiten hervorragend unterstützt.

Großer Dank für Zuarbeit, kritisches Gegenlesen und kluge Kommentare sowie Faktenchecks geht an: Nicola Kabel, Titus Rebhann, Bastian Hermisson, Robert Heinrich, Omid Nouripour, Veysel Özcan, Magdalena Lösch, Melanie Haas, Britta Jacob, Christine Spannnagel, Denise Bentele, Meral Kaufmann, Christoph Busch, Klaus Seipp sowie Ann-Kathrin Borde.

Dank an all die Menschen, die ich in den letzten Jahren treffen und denen ich zuhören durfte. Viele ihrer Geschichte und Ideen finden sich in diesem Buch wieder.

Die letzten Monate und Jahre wären anders verlaufen, wenn ich nicht liebe Freund*innen um mich herum hätte, die mich zum Lachen bringen, mich auffangen, fünfe gerade sein lassen, mich inspirieren, mich kritisieren und vor allem mich unterstützen. In und aus Potsdam, Berlin und (ehemals) Hannover. Das gilt für meine Großfamilie. Vor allem aber für meinen wunderbaren Mann und meine lebensfrohen Töchter. Ebenso für meine Eltern und meine Schwestern plus Family, die immer für mich da sind. Obrigada.